AF612899

CONGRÉGATION
POUR LES INSTITUTS DE VIE CONSACRÉE
ET LES SOCIÉTÉS DE VIE APOSTOLIQUE

LE DON DE LA FIDÉLITÉ
LA JOIE DE LA PERSÉVÉRANCE

Demeurez dans mon amour (*Jn* 15, 9)

ORIENTATIONS

Couverture:
Tu es la lumière de ma lampe,
Seigneur mon Dieu,
Tu éclaires ma nuit. (*Ps* 17,29)
Lucerne byzantine, Jérusalem (IVe siècle)

Edition print on demand *2021*

ISBN 978-88-266-0627-9
www.libreriaeditricevaticana.va

Introduction

1. Notre temps est un temps d'épreuve : « il est plus difficile de vivre en personne consacrée dans le monde actuel ».[1] La difficulté de la fidélité et la diminution de la persévérance sont des expériences qui appartiennent à l'histoire de la vie religieuse et consacrée depuis ses débuts. La fidélité, nonobstant l'éclipse de cette vertu aujourd'hui, est inscrite dans l'identité profonde de la vocation des consacrés. Ce qui est en jeu, c'est le sens de notre vie devant Dieu et devant l'Eglise.[2] La cohérence de la fidélité permet de s'approprier et de se réapproprier la vérité de son être propre, c'est-à-dire de *demeurer* (cf. *Jn* 15, 9) dans l'amour de Dieu.

Nous sommes conscients que la culture actuelle du provisoire influe sur notre choix de

[1] François, *La force de la vocation. Entretien avec Fernando Prado,* EDB, 2018, 50.

[2] François, Ex. Ap. *Gaudete et exsultate* (19 mars 2018), 170.

vie, comme sur la vocation à la vie consacrée, culture qui peut engendrer une fidélité précaire et « quand le 'pour toujours' est faible – affirme le Pape François – cela suffit comme argument pour quitter le chemin commencé, pour se séparer ».[3] La cohérence et la fidélité à la cause du Christ ne sont pas des vertus qui s'acquièrent en un instant ; elles demandent une profonde conscience des implications humaines, spirituelles, psychologiques et morales d'une vocation à la vie consacrée. *Sa* cause transcende, interpelle, invite à se décider et à se consacrer au service et pour le service du Royaume de Dieu. Convictions personnelles, engagements personnels et communautaires, sont dans ce service un don que l'on expérimente dans la grâce de la conversion. Cette grâce soutient une fidélité authentique, différente d'une fidélité stérile, souvent réalisée pour s'affirmer soi-même et vivre une fidélité téméraire qui méconnait ses propres limites et va au-delà de ses possibilités.

2. Fidélité et persévérance ont été au centre de l'intervention du Pape François dans son discours du 28 janvier 2017 à l'Assemblée

[3] François, *La force de la vocation. Entretien avec Fernando Prado*, EDB, 2018, 64.

plénière de la Congrégation pour les Instituts de vie consacrée et les Sociétés de vie apostolique : « Nous pouvons vraiment dire qu'en ce moment, la fidélité est mise à l'épreuve [...]. Nous sommes face à une « hémorragie » qui affaiblit la vie consacrée et la vie même de l'Eglise. Les abandons de la vie consacrée nous préoccupent. Il est vrai que certains la quittent dans un geste de cohérence, parce qu'ils reconnaissent, après un discernement sérieux, n'avoir jamais eu la vocation ; mais d'autres, avec le temps, renoncent à leur fidélité, très souvent quelques années seulement après leur profession perpétuelle. Que s'est-il passé ? ».[4]

L'interrogation soulevée par le Pape François ne peut être ignorée. Face au phénomène des abandons de l'état de vie consacrée et cléricale – dénominateur de situations diverses – l'Eglise s'interroge sur les mesures à prendre.[5] La vie consacrée elle-même a été souvent interpellée pour reconnaitre, discerner et accompa-

[4] FRANÇOIS, *Discours* aux participants de l'Assemblée plénière de la Congrégation pour les Instituts de vie consacrée et les Société de vie apostolique (28 janvier 2017).

[5] JEAN-PAUL II, Ex. Ap. post-synodale *Pastores dabo vobis* (15 mars 1992), 10.

gner des situations de malaise et de crise, et à ne pas réduire le phénomène à une statistique alarmante sans en même temps s'interroger sur le sens et les implications de la fidélité et de la persévérance dans la *sequela Christi* : chemin de conversion et de purification qui aide à redécouvrir le fondement et l'identité de l'appel sans se laisser aller au pessimisme et à la frustration épuisante de qui se sent impuissant et se prépare au pire.

Souvent, les questions complexes et délicates ne semblent pas trouver de solutions adéquates. Il est important que tous se mettent dans une attitude d'écoute et de discernement implorant avec confiance la lumière de l'Esprit Saint, afin qu'il nous aide à lire la réalité sérieusement mais en même temps avec sérénité. Il s'agit de situations qui, vues dans leur ensemble, ont une incidence négative sur la compréhension de l'identité des consacrés et des consacrées. Elles jettent une ombre sur la crédibilité évangélique des Instituts et sape en quelque sorte la confiance du peuple de Dieu face au monde des consacrés.

3. La Congrégation pour les Instituts de Vie consacrée et les Sociétés de vie apostolique ne peut pas ne pas se laisser interpeller par les problématiques inhérentes à la fidélité et à la persévérance dans l'état de vie consacrée. A partir de ce que l'on observe le plus souvent dans le vécu des Instituts de vie consacrée et des Sociétés de vie apostolique, elle a donc voulu élaborer et proposer quelques indications ou lignes d'actions à mettre en œuvre pour prévenir et pour accompagner. Dans cette perspective, le présent document se propose de donner des orientations qui, sur la base des normes du code et de la praxis dicastérielle, peuvent être utiles à tous les consacrés et les consacrées et à tous ceux qui ont un rôle de responsabilité dans le gouvernement et la formation.

Le présent document s'articule en trois parties :

- *Le regard et l'écoute* : diriger et intercepter les situations qui peuvent générer un mal-être, un malaise, une crise dans la vie personnelle et communautaire des consacrés et consacrées, sans susciter d'alarme ni, au contraire, cautionner des dangers sous-estimés. En se chargeant d'un problème, les supérieurs, les frères et les sœurs se mettent dans les conditions voulues pour l'affronter. Et celui qui a l'honnêteté et l'humilité d'admettre ses problèmes accepte d'être aidé et accompagné. Les problèmes ont des visages, des histoires, des biographies. Il s'agit de reconnaitre un frère, une sœur en difficulté et en même temps de reconnaitre ses difficultés. « Quand nous scrutons devant Dieu les chemins de la vie, il n'y a pas de domaines qui soient exclus. Sur tous les plans de notre vie, nous pouvons continuer à grandir et à offrir quelque chose de plus à Dieu, y compris là où nous faisons l'expérience des difficultés les plus fortes ».[6]

– *Raviver la conscience* : le binôme fidélité-persévérance a caractérisé le magistère de la vie consacrée. Les deux termes sont comme les aspects indissociables d'une unique attitude spirituelle. La persévérance est une qualité indispensable de la fidélité. C'est dans ce dynamisme que se comprend l'importance de la formation permanente qui incite la personne consacrée et l'Institut à la « vérification continuelle de la fidélité au Seigneur, de

[6] FRANÇOIS, Ex. Ap. *Gaudete et exsultate* (19 mars 2018), 175.

la docilité à son Esprit [...], de l'humilité pour supporter les contretemps ».[7] En fait, la vocation de la personne consacrée est un chemin de transformation qui renouvelle le cœur et l'esprit de la personne afin qu'elle puisse *discerner la volonté de Dieu, ce qui est bon, ce qui lui plait, ce qui est parfait* (*Rm* 12, 2).

« Aujourd'hui – affirme le Pape François – l'aptitude au discernement est redevenue particulièrement nécessaire »,[8] « pour que nous n'en restions pas seulement à de bonnes intentions ».[9] Hommes et femmes de discernement, les consacrés deviennent capables de lire les réalités de la vie des hommes à la lumière de l'Esprit et de pouvoir ainsi choisir, décider, agir selon la volonté de Dieu.[10]

[7] Congrégation pour les Instituts de vie consacrée et les Sociétés de vie apostolique, *Potissimum institutioni,* Directives sur la formation dans les instituts religieux (2 février 1990), 67.

[8] François, Ex. Ap. *Gaudete et exsultate* (19 mars 2018), 167.

[9] *Idem*, 169.

[10] Cf. Congrégation pour le Clergé, *Le don de la vocation presbytérale. Ratio Fundamentalis Institutionis Sacerdotalis* (8 décembre 2016), 43.

La formation comporte un exercice constant du don de discernement, « qui donne à la personne consacrée la maturité dont elle a besoin. Ce qui est fondamental aujourd'hui dans la vie consacrée, c'est l'âge adulte ».[11]

– *La séparation de l'Institut. Normes canoniques et praxis du Dicastère* : « Dans la vie consacrée, on ne peut avancer seul. Nous avons besoin que quelqu'un nous accompagne »,[12] non seulement pour reconnaître et corriger des attitudes, des styles de vie, des manques, des infidélités, qui sont un contre-témoignage évident de la vie consacrée, mais aussi pour retrouver le sens et le respect de la discipline, en tant qu'elle protège l'ordre de notre vie et exprime attention et sollicitude envers le frère ou la sœur. La discipline forme le disciple du Christ, non pour un conformisme plat, mais pour une cohérence avec la forme de vie à la *sequela Christi*. Elle éduque à la nécessaire prise

[11] FRANÇOIS, *La force de la vocation. Entretien avec Fernando Prado*, EDB, 2018, 53.

[12] *Idem*, 53.

de distance de la mentalité et de l'idéologie mondaines qui compromettent la crédibilité du style de vie ; elle active le sens de la vigilance, attitude intérieure de promptitude et de lucidité face à des situations difficiles ou risquées. Enfin, elle est un exercice de miséricorde, parce que nous sommes débiteurs de miséricorde les uns envers les autres. Dans la perspective du discernement-accompagnement, nous offrons aux supérieurs et aux responsables – à tous les niveaux – un cadre de référence normative et la praxis du dicastère, pour évaluer correctement les situations de pertinence disciplinaire dans le respect total des procédures prévues par le droit canon.

4. Un chemin de fidélité dans la persévérance demande de regarder la vie des personnes consacrées sans fermer les yeux face à l'apparition de problèmes ou de manquements qui peuvent être les signes d'une fidélité précaire ou de dérives d'infidélité. Une personne consacrée dans un chemin de fidélité authentique lit et discerne sa propre histoire et s'interroge avant tout sur la « fidélité de l'amour ».[13] Elle apprend à écouter sa conscience et à se former à une conscience dotée d'un jugement droit.[14] Elle discipline sa vie pour ne pas vider de sens sa vie intérieure. Elle accueille le don de la grâce divine promise et signe de notre '*demeurez dans son amour*' (cf. *Jn* 15, 9).

[13] François, Ex. Ap. *Gaudete et exsultate* (19 mars 2018), 112.

[14] Cf. Congrégation pour le Clergé, *Le don de la vocation presbytérale. Ratio Fundamentalis Institutionis Sacerdotalis* (8 décembre 2016), 94.

Première partie

Le regard et l'écoute

I.
LE PHENOMENE DES ABANDONS : QUELQUES POINTS CRITIQUES

Un phénomène qui interroge

5. La réalité des abandons dans la vie consacrée est symptomatique d'une crise plus large qui interroge les différentes formes de vie reconnues dans l'Eglise. Ce phénomène ne peut être justifié uniquement par des causes socioculturelles, ni être affronté avec la résignation qui conduit à le trouver normal. Il n'est pas normal qu'après une longue période de formation initiale ou après plusieurs années de vie consacrée, on arrive à la décision de quitter l'Institut.

A des témoignages de vies exemplaires s'ajoutent souvent des situations dans lesquelles on trouve « un dévouement intermittent, une fidélité par phases, une obéissance sélective » qui peuvent être les symptômes « d'une vie édulcorée et médiocre, vide de sens ».[1] Emergent alors « les faiblesses et les difficultés qui obscurcissent la joie »[2] rencontrée au début de la route. Souvent les personnes ayant vécu avec un dévouement généreux et une conduite exemplaire ont des comportements difficiles dont on ne peut discerner les raisons et moins encore les accepter. Parfois, les dérives du comportement sont des occasions de scandales qui blessent et posent de sérieuses interrogations sur les parcours de formation qui ont précédé et sur les styles de vie.

Malgré tout, aujourd'hui comme hier, « tant de consacrés et de ministres de Dieu, dans le don de soi silencieux, persévèrent sans se soucier du fait que le bien ne fait souvent pas de bruit [...]. Ils continuent à croire et à prêcher avec courage l'Evangile de la grâce et de la miséricorde à des hommes assoiffés de raisons de vivre, d'espérer et d'aimer. Ils ne s'effraient pas devant les blessures de la chair du Christ, tou-

[1] François, *Discours* aux Evêques participants au cours promu par la Congrégation pour les Evêques, Cité du Vatican (13 septembre 2018).

[2] François, *Discours* à l'occasion de la Rencontre avec les Communautés religieuses en Corée, Kkottongnae (13 août 2014).

jours infligées par le péché et souvent par les enfants de l'Eglise ».[3]

Types de malaise

6. Les situations problématiques interrogent sur les points critiques générateurs de malaise et d'embarras, qui se retrouvent plus fréquemment dans la vie consacrée en général. Le Pape François prend acte qu'il s'agit des risques et des limites venant aussi de la culture de notre temps : « Nous vivons plongés dans ce que l'on pourrait appeler une *culture fragmentée, du provisoire* ».[4]

Avant de mettre en place des parcours d'accompagnement, de prévention et de soins, il s'agit d'identifier quelques points qui pourraient être à l'origine des différentes formes d'inquiétudes et de problématiques plus graves et plus critiques. Nous en signalons quelques-uns qui

[3] FRANÇOIS, *Discours* aux Evêques participants au cours promu par la Congrégation pour les Evêques, Cité du Vatican (13 septembre 2018).

[4] FRANÇOIS, *Discours* aux participants à l'Assemblée plénière de la Congrégation pour les Instituts de vie consacrée et des Sociétés de vie apostolique, Cité du Vatican (28 janvier 2017).

semblent plus importants et visibles. Dans cette perspective, il est décisif de reconnaitre les problèmes et d'écouter ceux qui les affrontent, pour ne pas être réduit ensuite à diagnostiquer des situations qui ne peuvent généralement pas être résolues.

Regard vigilant et écoute attentive

7. Nous sommes appelés à reconnaitre, c'est-à-dire à avoir un regard vigilant et une écoute attentive, « le regard du disciple missionnaire qui se nourrit de la lumière et de la force du Saint Esprit »,[5] l'écoute qui nous rend attentif à l'autre, qui fait attention aux frères et aux sœurs de la porte d'à côté. Reconnaitre, c'est déjà « apprendre à discerner et découvrir » ce qui nous maintient à « distance de la réalité du drame humain ».[6] Cela demande donc humilité, proximité et empathie, afin d'entrer en

[5] François, Ex. Ap. *Evangelii gaudium* (24 novembre 2013), 50.

[6] François, *Homélie* à l'occasion de la bénédiction des palliums pour les nouveaux Archevêques métropolitains, en la solennité des Saints Apôtres Pierre et Paul (29 juin 2018). Cf. François. Ex. Ap. *Evangelii gaudium* (24 novembre 2013), 270.

syntonie et de percevoir quelles sont « les joies et les espoirs, les tristesses et les angoisses des hommes de ce temps, des pauvres surtout et de tous ceux qui souffrent ».[7] Le même regard et la même écoute, pleins de sollicitude et d'attention, sont nécessaires envers ceux qui traversent des difficultés, des souffrances ou des crises. Il s'agit au fond d'un regard de « compassion et non de piétisme. Il n'existe pas de compassion qui n'écoute pas. Il n'existe pas de compassion qui n'est pas solidaire de l'autre ». Un regard qui est conduit par « la liberté qui naît du fait d'aimer et met le bien de l'autre au-dessus de toutes choses ».[8]

8. Un regard distrait ou myope, autrement dit superficiel, est toujours la cause d'incompréhensions, préjugés, souffrances et culpabilité, provoquant une dangereuse confusion des plans entre les différents niveaux de l'expérience humaine, psychique, relationnelle et spi-

[7] Concile Œcuménique Vatican II, Constitution pastorale sur l'Eglise dans le monde contemporain *Gaudium et spes*, 1.

[8] François, *Discours* à l'occasion de la rencontre avec les prêtres, les religieux, les religieuses et les séminaristes. Voyage apostolique en Equateur, Bolivie et Paraguay (5-13 juillet 2015), Santa Cruz de la Sierra (9 juillet 2015).

rituelle. Le premier pas pour identifier, même de façon stratégique, ce qu'il faut faire et quelles voies concrètes il faut parcourir pour discerner et prévenir ou pour accompagner à travers des processus de soutien et d'attention, est de reconnaitre qu'un frère ou une sœur vit une période de difficultés. Pour reconnaitre, discerner, accompagner, il est nécessaire d'avoir eu une préparation spécifique. Cela exige une interaction positive et efficace de professionnels, appelés pour engager un accompagnement spirituel ou une thérapie.

Crise des instituts : incertitude et désarroi

9. Tout au long de son histoire séculaire, la vie consacrée a su démontrer une capacité toujours nouvelle d'attraction[9] envers celui qui, étant à la recherche de sens, trouve en elle une référence significative. Attraction qui est récupérée et stimulée « dans sa force originelle,

[9] « Nous pouvons appliquer à la vie consacrée ce qui est écrit dans l'exhortation apostolique *Evangelii gaudium*, citant une homélie de Benoit XVI : 'L'Eglise ne grandit pas par prosélytisme mais par attraction' » : FRANÇOIS, *Lettre Apostolique* à tous les consacrés à l'occasion de l'Année de la vie consacrée (23 novembre 2014), II, 1.

comme antidote à la « paralysie de la normalité », et est ouverture à la grâce qui bouscule le monde et ses logiques. Réveiller le désir de radicalité évangélique chez les jeunes générations, de manière à ce qu'elles puissent redécouvrir la dimension prophétique de la chasteté, de la pauvreté et de l'obéissance en tant qu'anticipation du Royaume et plénitude de vie, voilà un des enjeux majeurs en une époque dominée par la logique de la consommation et de la marchandisation ».[10]

Même les institutions traversent des crises, avec le risque « de souligner davantage les ombres au détriment de la lumière ».[11] Le Pape François note avec un sage réalisme que, « quand la vie de nos communautés traverse des périodes 'd'essoufflement', où l'on préfère la quiétude de la maison à la nouveauté de Dieu,

[10] XVème Assemblée Générale Ordinaire du Synode des Evêques, *Instrumentis laboris* « Les jeunes, la foi et le discernement vocationnel », Cité du Vatican 2018, 103.

[11] François, *Discours* à l'occasion de la rencontre avec le clergé, les religieux et les diacres permanents, Visite pastorale à Pompéi et à Naples (21 mars 2015).

c'est un mauvais signe. Cela veut dire qu'on cherche un refuge contre le vent de l'Esprit ».[12]

Opacité de l'attraction

10. Nous sommes appelés à réveiller l'attrait de la radicalité évangélique, dont la perception est obscurcie, à l'intérieur et à l'extérieur de nous. Le malaise et le mal-être, en fait, minent la crédibilité d'une forme de vie qui se voit moins reconnue comme projet global et perçue comme étrangère à la culture de notre temps. Le Pape François en a intercepté plus d'une fois les signaux. Le Pontife en nomme quelques-uns : « individualisme, spiritualisme, repli en petits cercles, dépendance, routine, répétition de schémas préfixés, dogmatisme, nostalgie, pessimisme, refuge dans les normes ».[13] La personne consacrée n'est pas un bureaucrate ou un fonctionnaire, mais une personne passionnée qui ne sait pas vivre dans « la médiocri-

[12] François, *Homélie* à l'occasion de la Solennité de la Pentecôte, Cité du Vatican (20 mai 2018).

[13] François, Ex. Ap. *Gaudete et exsultate* (19 mars 2018), 134.

té tranquille et anesthésiante ».[14] En particulier dans la *Lettre aux Consacrés*, le Pape ne mâche pas ses mots : « que ne se voient pas parmi nous des visages tristes, des personnes mécontentes et insatisfaites, parce qu'« une *sequela* triste est une triste *sequela* ». Nous aussi, comme tous les autres hommes et femmes, nous éprouvons des difficultés : nuits de l'esprit, déceptions, maladies, déclin des forces dû à la vieillesse. C'est précisément en cela que nous devrions trouver la « joie parfaite », apprendre à reconnaître le visage du Christ qui s'est fait en tout semblable à nous, et donc éprouver la joie de nous savoir semblables à lui qui, par amour pour nous, n'a pas refusé de subir la croix. Dans une société qui exhibe le culte de l'efficacité, de la recherche de la santé, du succès, et qui marginalise les pauvres et exclut les « perdants », nous pouvons témoigner, à travers notre vie, la vérité des paroles de l'Écriture : « *Quand je suis faible c'est alors que je suis fort* » (*2 Co* 12,10) ».[15]

[14] François, Ex. Ap. *Gaudete et exsultate* (19 mars 2018), 138.

[15] François, *Lettre Apostolique* à tous les consacrés à l'occasion de l'Année de la vie consacrée (23 novembre 2014), II, 1.

« La tentation de la survie transforme en danger, en menace, en tragédie ce que le Seigneur nous présente comme une opportunité pour la mission. Cette attitude n'est pas propre uniquement à la vie consacrée, mais à titre particulier nous sommes invités à nous garder d'y succomber ».[16]

Evaluation inadéquate des difficultés

11. Nous sommes également invités à dépasser une certaine réticence à parler de nos difficultés ou faiblesses parce que, dans la vie consacrée, toute dénonciation peut devenir une auto-dénonciation : personne ne peut se retirer des problèmes qui préoccupent ou interpellent une communauté, une province ou un Institut. Il ne parait pas encore évident que le mal-être, le malaise, les crises, soient des occasions pour construire et affronter calmement le problème et non se perdre en polémiques stériles, ou pire, en une indifférence hostile. Tout cela montre que reste encore ouvert le chemin du dépassement d'une mentalité qui considère obscures les situations problématiques et vit dans la crainte

[16] FRANÇOIS, *Homélie* à l'occasion de la XXIème Journée Mondiale de la vie consacrée (2 février 2017).

ou la réticence d'exposer ses faiblesses. Par contre, on assiste impuissants au phénomène – souvent stigmatisé par le Pape François – du « terrorisme des bavardages » qui ne favorise pas un climat serein et respectueux des autres. En examinant les statistiques dans son propre Institut, on les lit comme la dérive inévitable du désarroi et de l'incertitude des temps, sans se demander si cela ne vient pas aussi des défaillances et des échecs de l'institution. On publie les entrées, on cache les sorties avec une tendance inconsciente à prendre ses distances par rapport à ces dernières.

II.
EXIGENCES A INTERPRETER ET DYNAMIQUES A CONVERTIR

Processus de construction de l'identité

12. Les faiblesses, les difficultés, les fragilités – à l'origine du malaise – peuvent conduire à des processus de construction de l'identité qui, dans le contexte culturel actuel, deviennent toujours plus complexes et problématiques, soit au niveau de la connaissance/conscience, soit au niveau de l'identification/différenciation, et donc de l'acceptation de soi et de son propre inachèvement. Les difficultés à s'identifier, soit dans la composante psychosexuelle, soit dans la dimension cognitive et émotive, sont à l'origine de beaucoup de formes de troubles relationnels et d'inadaptation, et finalement de formes graves de psychopathologie. Le mot *crise* et ses déclinaisons semblent être le dénominateur commun de situations très différentes, comprenant assez souvent des dérives existentielles extrêmes. Ce n'est qu'aux résultats qu'on peut voir si la crise se présente ou se résout comme risque ou opportunité. Les troubles qui blessent l'humanité du consacré ou de la consacrée peuvent devenir des lieux de purification, de transformation et de sagesse à travers l'expérience nécessaire de la grâce qui rend possible l'obéissance à l'appel (cf. *2 Co* 12, 9).

Dans la perspective du mystère pascal, l'admission de sa propre fragilité ou de ses propres faiblesses manifeste que les limites, liées à notre condition d'êtres mortels, nous invitent à considérer ce qui nous entoure avec les yeux de la foi et non de la méfiance, comme si quelqu'un voulait surprendre nos insuffisances supposées ou réelles. Les fermetures alimentent la méfiance et ne réduisent pas les risques et les dommages éventuels, ou la peur d'échouer. En tout cas, elles diminuent en nous la foi en la fidélité de Dieu qui nous soutient et sur lequel nous pouvons compter. Faire confiance est le principe de toute praxis du salut, avoir confiance en Dieu. L'appel à la sequela de son Fils demande de se livrer à cette confiance, même dans l'expérience de l'infidélité et du péché. Dieu en donnant le

Christ à l'histoire des hommes l'a rendu *principe de salut pour tous ceux qui lui obéissent* (*He* 5,9).

L'obscurcissement de la foi

13. « La foi doit grandir – affirme le Pape François – surtout quand les circonstances nous jettent par terre ».[17] Il s'agit de circonstances marquées, bien souvent, de la souffrance des épreuves amères subies dans ou hors de l'Institut ; de chutes involontaires, ou parfois volontaires, où la confiance en Dieu a été évincée et la confiance en soi a pris le contrôle. Puis surviennent d'autres idoles qui « provoquent un grand vide existentiel ».[18] Dans ce vide, la foi apparait comme « une lumière illusoire »[19] et « finit par être associée à l'obscurité [...] Quand manque la lumière, tout devient confus, il est

[17] François, *Homélie* à l'occasion de la liturgie d'action de grâce pour le 200ème anniversaire de la reconstitution de la Compagnie de Jésus, Rome (27 septembre 2014).

[18] François, *Discours* aux participants à l'Assemblée plénière de la Congrégation pour les Instituts de vie consacrée et les Sociétés de vie apostolique, Cité du Vatican (28 janvier 2017).

[19] François, Lettre Enc. *Lumen fidei* (29 juin 2013), 2.

impossible de distinguer le bien du mal, la route qui conduit à destination, de celle qui nous fait tourner en rond, sans direction ».[20] Ce n'est pas un chemin dans la nuit mais l'effondrement du chemin, jusqu'à la décision, parfois improvisée, sans dialogue ni rencontre, d'abandonner l'Institut. Cette décision cache, souvent, le refus de se faire aider, rejetant la possibilité d'être à nouveau visité *d'en haut* (*Lc* 1, 78).

Non moins préoccupante est la condition de celui qui survit à l'absence de Dieu, tout en restant dans la coexistence communautaire. Consciemment ou non se crée un malaise diffus, rendant les frères, sœurs, ou supérieurs, souvent impuissants à trouver des solutions et à enrayer les tensions et les inquiétudes qui risquent de compromettre sérieusement les équilibres communautaires.

La façon de comprendre et de vivre le célibat consacré

14. Dans le difficile processus de la construction de l'identité, on met en évidence, certainement, la façon de comprendre et de vivre le célibat consacré. Les crises affectives

[20] François, Lettre Enc. *Lumen fidei* (29 juin 2013), 3.

sont très variées, dues à des situations souvent difficiles, non sans conséquences dramatiques. Le contexte culturel narcissique qui exalte le plaisir et revendique une liberté sans limites, spécialement dans le domaine de la vie affective et sexuelle, n'est pas sans influencer les personnes. Rarement les paroles du Souverain Pontife résonnent aussi sévèrement face à l'une des pires attitudes pour un religieux : « se refléter lui-même, le narcissisme ».[21] La crise d'identité rend plus difficile de comprendre et de vivre le célibat consacré comme identité et comme projet. Les processus requis dans ce chemin de maturation présupposent une lucide et disponible capacité de décision et un amour libéré du besoin de posséder, contre toute forme de dépendance affective. En outre, on ne doit pas sous-évaluer les attitudes ingénues dans la façon de vivre l'amitié et les rapports interpersonnels. Un plus grand réalisme et une meilleure connaissance de ses propres limites devraient conduire à acquérir des attitudes de plus grande prudence. Conscients de notre propre faiblesse, nous n'imaginons pas réussir à contrôler nos sentiments et les passions qu'ils génèrent.

[21] FRANÇOIS, *Discours* à l'occasion de la Rencontre des jeunes consacrés (17 septembre 2015).

Liquidité de la fidélité

15. La difficile compréhension du célibat consacré ne peut s'abstraire de ce que l'on appelle la 'question du lien'. Cette problématique doit être considérée sérieusement, soit pour comprendre et prévenir des phénomènes qui conduisent inévitablement à la non-persévérance, soit pour aider, accompagner, soigner quand se manifestent des troubles psychiques et relationnels ou des formes variées d'insatisfaction. Le monde des consacrés et des consacrées se trouve aujourd'hui, inévitablement, exposé à une culture envahissante de la dissipation ou de la consommation des sentiments, pour laquelle rester fidèle n'est plus évident et le rester toute la vie, encore moins. La fidélité est une vertu qui appartient à la construction de la liberté et permet au sujet de discerner son propre choix de vie, de se former à la lumière de la vérité et du bien sincèrement désiré. La crise actuelle de la fidélité va de pair avec la crise de l'identité et la crise du sens d'appartenance aux institutions, en ce qu'on considère que tout lien appauvrit ou est un obstacle à la liberté. Le don de soi dans la sequela du Seigneur est une remise de sa vie par amour, mais il semble qu'aujourd'hui cela puisse avoir une date limite. En fait, la fragilité des liens n'est pas dénoncée en vue d'une récupération, mais est souvent considérée comme un signe d'évolution de notre société.

Le sens d'un lien orienté par des règles

16. A la critique déjà signalée, il faut ajouter les influences d'une conception mal comprise de la liberté qui relativise le sens d'un lien orienté par des règles. Cette mentalité est renforcée par un langage répandu qui tend à dévaloriser le sens de la médiation des institutions et des règles et qui peut alimenter un sens erroné de l'autonomie, invoquée au nom de la spontanéité, de l'immédiateté, de la revendication des propres espaces même quand ils peuvent compromettre la recherche du bien commun. Les médiations ont pour but – pour tous – de donner la possibilité de valoriser les ressources humaines, spirituelles, professionnelles, y compris normatives. Personne n'en cache les limites qui, à bien voir, sont aussi nos limites. Les médiations des institutions et des règles dans la vie consacrée nous encouragent à nous considérer comme frères et sœurs par le lien de la fraternité. L'individualisme et les chemins parallèles ouvrent souvent la voie à la sortie de l'Institut. Quand on donne trop d'importance à l'individualité, on se détourne de l'engagement à voir notre bien-être étroitement lié et dépendant de celui de la communauté, et donc à renforcer la cohérence de tous dans la fidélité à suivre une Règle.

Rapport avec le temps et l'espace

17. Un autre point clé pour interpréter correctement le malaise est le rapport au temps et à l'espace, coordonnées essentielles de toute croissance et de tout développement. Les transitions et les défis conséquents et/ou les crises liées à l'âge mettent en lumière l'importance d'un rapport correct avec le temps et l'espace. En particulier, le gaspillage du temps appauvrit la fidélité et la persévérance. On risque de vivre un temps aliéné, mondain ; un temps du 'tout, tout de suite', un vécu à la journée avec un dilettantisme qui aboutit à l'instabilité, non seulement caractérielle mais surtout ministérielle, c'est-à-dire des demandes récurrentes de changements. Ce phénomène est tout autre que marginal dans nos environnements. Savoir gérer le temps est signe d'une saine autonomie et donc d'une capacité adulte de choix. Il ne faut pas sous-estimer le phénomène des consacrés et consacrées à la limite du '*burn out*' et ceux qui, en revanche, se soustraient à la loi du travail. Les deux phénomènes se trouvent dans la vie consacrée. Les personnes consacrées ont fait alliance avec Dieu et avec leurs frères et sœurs. Donc le temps qu'ils vivent est une alliance avec le *Témoin fidèle,* Jésus-Christ (cf. *Ap* 3, 14), Celui qui leur demandera aussi de rendre compte du temps.

Relations interpersonnelles et communautaires difficiles

18. La situation de malaise provenant de la difficulté – et parfois de l'impossibilité – de relations et de communications interpersonnelles constitue un autre point critique à l'origine de multiples formes de troubles ou de fragilités. Dans la vie consacrée, la fraternité subit des blocages, jusqu'à justifier des styles de vie médiocres, des agrégations occasionnelles, des coexistences tolérées. Là où les relations interpersonnelles se réduisent à un respect réciproque formel, à des rencontres en fonction du service, à des actes communautaires déterminés par la pendule, là où les réunions communautaires sont des formalités et les variations de la routine quotidienne perçues comme des menaces d'un vécu tranquille, on met les conditions d'une perte progressive du sens de la fraternité et il ne faut pas s'étonner que le premier abandon se réalise en prenant ses distances par rapport à la communauté. Contre ces tentations, le Pape François nous exhorte à retrouver la valeur de la vie communautaire, qui préserve de la « tendance à l'individualisme consumériste qui finit par nous isoler dans la quête du bien-être en marge des autres ».[22]

Expérience de solitude

19. Les difficultés liées aux relations interpersonnelles peuvent provoquer, surtout dans la vie consacrée, une expérience diffuse et douloureuse de solitude – comme vécu personnel –, même dans des contextes où ne manquent pas l'attention et la participation des frères et des sœurs. La solitude de la personne consacrée peut exposer à des risques, alors qu'être entouré de frères et de sœurs – personnes avec qui on vit ou on a des liens d'estime et d'amitié – est une opportunité qui aide à rompre le cercle de l'isolement dans lequel on s'enferme. La soli-

[22] François, Ex. Ap. *Gaudete et exsultate* (19 mars 2018), 146.

tude se transforme en isolement si elle conduit à « se réfugier dans ses propres certitudes, sécurités, espaces, à se désintéresser de la vie des autres en s'installant dans de petites « fermes » [...]. Situations qui débouchent sur une tristesse individualiste, sur une tristesse faisant peu à peu place au ressentiment, à la plainte continuelle, à la monotonie ».[23] La solitude, en revanche, devient féconde quand elle est habitée par la présence de Dieu à qui l'on a donné sa vie et par la présence des frères et des sœurs, présences providentielles qui aident à sortir de soi pour découvrir le don de l'autre.

Tension entre communauté et mission

20. On peut reconnaître un autre élément critique dans la tension entre communauté et mission, comprise positivement comme une « tension dans le sens vital, tension de fidélité ».[24] Cette tension, si elle n'est pas dépassée

[23] François, *Homélie* à la Cathédrale de la Havane (20 septembre 2015), Voyage apostolique à Cuba, aux Etats-Unis d'Amérique et visite au Siège de l'Organisation des Nations Unies (19-28 septembre 2015).

[24] François, *Discours* à l'occasion de la Rencontre avec les religieux et religieuses du diocèse de Rome (16 mai 2016).

ou résolue, peut générer des conflits, des insatisfactions et/ou des déceptions, spécialement si elle est associée à l'activisme ou à l'individualisme. La tension peut être une opportunité pour la créativité, l'innovation, si elle est vécue comme une occasion d'investissement de nouvelles énergies et surtout de convergence de projets. Une élaboration féconde des tensions conduit à un changement personnel et communautaire qui « consiste en une conversion de notre regard : essayer de nous regarder les uns les autres en Dieu, et savoir nous placer du point de vue de l'autre : voilà un double défi lié à la recherche de l'unité, [...] à l'intérieur des communautés religieuses ».[25] Il est facile de comprendre que les tensions non résolues dégénèrent souvent en conflits ouverts, alimentent la désaffection de la communauté, minent le sens d'appartenance à l'Institut et, non des moindres, peuvent démotiver le choix de vie au point où l'abandon de l'Institut soit considéré comme la seule issue.

[25] FRANÇOIS, *Discours* aux participants au Colloque Œcuménique des religieux et religieuses organisé par la Congrégation pour les Instituts de vie consacrée et les Sociétés de vie apostolique (24 janvier 2015).

21. Dans nos communautés, en particulier dans des contextes communautaires problématiques, on peut vérifier une gestion inadéquate du monde digital et, par conséquent, la recherche d'un refuge dans les espaces de communication offerts par les nouvelles technologies, en particulier des *réseaux sociaux*. « Il y a cependant des aspects problématiques – comme le rappelle le Pape François – : la vitesse de l'information dépasse notre capacité de réflexion et de jugement et ne permet pas une expression de soi mesurée et correcte. La variété des opinions exprimées peut être perçue comme une richesse, mais il est également possible de s'enfermer dans une sphère d'informations qui correspondent seulement à nos attentes et à nos idées, ou même à des intérêts politiques et économiques déterminés. L'environnement communicatif peut nous aider à grandir ou, au contraire, à nous désorienter. Le désir de connexion numérique peut finir par nous isoler de notre prochain, de nos plus proches voisins ».[26] De plus, on ne peut

[26] FRANÇOIS, *Message* pour la XLVIII Journée Mondiale des communications sociales, *La Communication au service d'une authentique culture de la rencontre* (1er juin 2014).

pas éluder l'interrogation sur le type de liens qui s'établissent à travers la communication médiatique, toujours plus répandue et fréquente aussi dans nos communautés. Des formes de dépendance psychologique se répandent, qui ouvrent la voie à d'autres forme de malaises et fragilités. Le Pape François observe : « les médias numériques peuvent exposer au risque de dépendance, d'isolement et de perte progressive de contact avec la réalité concrète, entravant ainsi le développement de relations interpersonnelles authentiques. De nouvelles formes de violence se diffusent à travers les *'social media'*, comme le cyber bizutage. Le web est aussi un canal de diffusion de la pornographie et d'exploitation des personnes à des fins sexuelles ou par le biais des jeux de hasard ».[27]

Rapport ambivalent avec le pouvoir et les sécurités

22. Présents dans toute relation humaine, « les ambitions du pouvoir et les intérêts mondains jouent contre nous ».[28] « Même celui qui

[27] FRANÇOIS, Ex. Ap. *Christus vivit* (25 mars 2019), 88.

[28] FRANÇOIS, Ex. Ap. *Gaudete et exsultate* (19 mars 2018), 91.

apparemment dispose de solides convictions doctrinales et spirituelles tombe souvent dans un style de vie qui porte à s'attacher à des sécurités économiques ou à des espaces de pouvoir et de gloire humaine qu'il se procure de n'importe quelle manière, au lieu de donner sa vie pour les autres dans la mission ».[29] Le document *A vin nouveau outres neuves* a exprimé la préoccupation autour de « la permanence de styles et de pratiques de gouvernement qui s'éloignent de l'esprit de service, au point de dégénérer en formes d'autoritarisme ».[30]

[29] François, Ex. Ap. *Evangelii gaudium* (24 novembre 2013), 80.

[30] Congrégation pour les Instituts de vie consacrée et les Sociétés de vie apostolique, *Orientations. A vin nouveau, outres neuves. Depuis le Concile Vatican II la vie consacrée et les défis encore ouverts*, Rome (6 janvier 2017).

Deuxième partie

Raviver la conscience

I.
FIDELITE ET PERSEVERANCE

Memoria Dei

23. La fidélité se confronte au temps, aux événements, à l'histoire, à la vie quotidienne. Si la fidélité est une vertu essentielle à toute relation interpersonnelle, la persévérance est la vertu spécifique du temps : elles interpellent sur la relation à l'autre. Aujourd'hui, réduite en miettes et sans contraintes, cette réalité est comme un défi pour chacun et en particulier pour le chrétien. Comment reconnaitre sa propre fidélité sinon à partir de la fidélité de Celui qui est fidèle (cf. *1 Th* 5, 24) et de la foi en Lui ? Le fidèle est celui qui tient ensemble mémoire et présent ; ce qui peut lui permettre d'être persévérant. La persévérance, en fait, ne peut être soutenue que par une *memoria Dei.* En ce sens, le chrétien, capable de *memoria Dei*, connait et se souvient de l'agir du Seigneur. C'est une mémoire qui engage le cœur de l'homme, siège de sa volonté et de son esprit. Une mémoire, toujours renouvelée par la fidélité divine, est ce qui peut susciter et soutenir la fidélité du croyant.

Dieu est le fidèle

24. Le Pape François exhorte souvent à faire mémoire, à se souvenir de l'amour de prédilection du Christ, et il précise : « Nous pouvons dire quelque chose de l'amour sponsal de Jésus avec l'Eglise », un amour qui a « trois caractéristiques : il est fidèle, il est persévérant et ne se lasse jamais d'aimer son Eglise, il est fécond [...]. La fidélité est précisément l'essence de l'amour de Jésus ».[1]

Le thème de la fidélité et celui de la persévérance sont des thèmes centraux dans la Parole de Dieu. La fidélité *(hesed)* est en effet l'un des principaux attributs de Dieu : Dieu est le fidèle. Toute l'histoire du salut n'est rien d'autre que le récit de cette alliance entre Dieu et le créé, entre Dieu et son peuple, Israël, entre Dieu et l'huma-

[1] FRANÇOIS, *Méditation du matin* dans la Chapelle de la Maison Sainte Marthe (2 juin 2014), dans *L'Osservatore Romano*, éd. quotidienne, Année CLIV, n. 124, mardi 3 juin 2014.

nité tout entière. Bonté et fidélité caractérisent la nature de Dieu et tout son agir à l'égard de son peuple élu, mais aussi de toute la création.

Dieu promet de ne jamais trahir son alliance mais d'y rester fidèle dans le temps. Il dépasse l'indignation et assume le mal de l'homme, pour qu'il puisse recommencer à lui être fidèle, avec la liberté que le pardon lui restitue. Cette adhésion constante à l'alliance n'est rien d'autre que la fidélité de Dieu à sa Promesse. Le prophète Osée rend compte de cette fidélité de Dieu comme le résultat de son amour tenace pour son peuple à travers l'image suggestive du mariage : *Eh bien, c'est moi qui vais la séduire, je la conduirai au désert et je parlerai à son cœur [...] Je conclurai pour eux en ce jour une alliance [...] Je te fiancerai à moi pour toujours, je te fiancerai à moi par la justice et le droit, l'amour et la tendresse, je te fiancerai à moi par la fidélité et tu connaitras le Seigneur* (*Os* 2, 16 et ss.). La fragilité évidente et répétée d'Israël n'érafle pas le *rocher* (*Dt* 32, 4) de la fidélité de Dieu, comme le chante le psalmiste : *Ta fidélité dure d'âge en âge* (*Ps* 119, 90).

Le Christ icône de fidélité

25. De là découle la réponse de l'homme : une fidélité qui est avant tout *foi et confiance,* (comme le révèle la traduction grecque de fidélité, qui utilise *pistis/pisteueien* [foi/croire] et ses dérivés), confiance et adhésion aux promesses et aux préceptes de l'alliance. *Toutes les routes du Seigneur sont fidélité et vérité pour ceux qui observent les clauses de son alliance* (*Ps* 25, 10).

Même si Israël n'a pas été un *serviteur fidèle*, s'il s'est perdu et a souvent imité l'infidélité de la génération qui a traversé le désert – *génération au cœur inconstant dont l'esprit ne se fait pas à Dieu* (*Ps* 78, 8) – Dieu n'a pas cessé de donner des preuves de sa fidélité : *avec une amitié sans fin, je te manifeste ma tendresse* (*Is* 54, 8).

Le thème de la relation et de la reprise de la relation, malgré l'infidélité et le mal de l'homme, caractérise toute l'Histoire du salut jusqu'à la venue de Jésus, qui devient le fidèle de son Père, et pour cela même, le fidèle à l'humanité faible, disposée au mal mais face à laquelle Dieu propose constamment sa promesse de salut. Jésus-Christ est l'Amen à la fidélité (cf. *2 Co* 1, 20 ; *Ap* 3, 14). La venue du Christ, son Incarnation est la Promesse qui se réalise. Jésus est le Témoin fidèle, comme le définit l'Apocalypse (1, 5) le serviteur *fidèle et véritable* (*Ap* 19, 11), en qui s'accomplit *tout ce qui a été écrit dans la loi de Moïse, les Prophètes et les Psaumes* (*Lc* 24, 44).

En lui, toutes les promesses de Dieu sont maintenues (cf. *2 Co*, 1, 20). En Christ se manifeste la fidélité de Dieu (cf. *1 Th* 5, 23-24).

Le Christ, témoin fidèle, enseigne à l'homme la fidélité. Il en est l'icône. Il est fidélité à Dieu Père. Il invite les hommes à être fidèles à Sa Parole. A nous est donnée la grâce et requise la réponse de la *fidélité* au Père, à travers le Fils qui nous a aimés et s'est donné lui-même pour nous. L'un des premiers titres donnés aux chrétiens sera celui de *fidèles,* pour indiquer la foi au Christ (*Ac* 10, 45 ; *Eph* 1, 1), animée par l'amour (*Jn* 15, 9s). Paul utilise souvent cette formule, soit pour les personnes soit pour les attitudes, et il mentionne la *fidélité* parmi les fruits de l'Esprit (*Ga* 5, 22).

« Cette fidélité nous ne pouvons jamais la conquérir avec nos propres forces, elle n'est pas seulement le fruit de notre engagement quotidien ; elle vient de Dieu et est fondée sur le « oui » du Christ, qui affirme : *ma nourriture est de faire la volonté du Père* (cf. *Jn* 4, 34). C'est dans ce « oui » que nous devons entrer, entrer dans ce « oui » du Christ, dans l'adhésion à la volonté de Dieu, pour parvenir avec saint Paul à affirmer que ce n'est pas nous qui vivons, mais que c'est le Christ lui-même qui vit en nous ».[2]

La fidélité vit de la rencontre

26. L'homme tout entier est engagé dans la relation avec Dieu en qui nous sommes appelés à vivre la donation de nous-mêmes, intelligence et volonté, esprit et cœur, fermeté et douceur du consentement. La foi est le mystère de la rencontre opérée par l'Esprit entre le Père et le Fils, dans le cœur de l'homme qui accueille le Verbe et se laisse conformer à Lui.

La rencontre avec le Seigneur ouvre le disciple à la plénitude de la vie. Cette participation à la vie de la Trinité se manifeste en un style dans lequel Dieu est le Tout et que tout se réfère à Lui : *Vous vous êtes dépouillés du vieil homme, avec ses pratiques, et vous avez revêtu l'homme nouveau, celui qui, pour accéder à la connaissance, ne cesse d'être renouvelé à l'image de son créateur* (*Col* 3, 6). La Trinité vit dans l'existence de celui qui répond à l'appel de la *sequela Christi* en livrant tout son être : « La vie consacrée est une annonce de ce

[2] Benoit XVI, *Audience générale* (30 mai 2012).

que le Père accomplit par le Fils, dans l'Esprit, par son amour, sa bonté, sa beauté ».[3]

Persévérance : mémoire et espérance

27. Le terme persévérance apparait dans les Evangiles synoptiques avec des termes identiques dans Matthieu et Marc : *Celui qui tiendra jusqu'à la fin, celui-là sera sauvé* (*Mt* 10, 22b ; *Mc* 13, 13) ; et avec un contenu semblable dans Luc : *C'est par votre persévérance que vous gagnerez la vie* (*Lc* 21, 19).

Jésus lui-même fait à ses disciples l'invitation à la persévérance directement et personnellement dans le contexte solennel du repas pascal : *Vous êtes, vous, ceux qui avez tenu bon avec moi dans mes épreuves* (*Lc* 22, 28). Il annonce à ses disciples qu'ils devront affronter les mêmes épreuves et semble reconnaitre leur disponibilité à supporter les mêmes épreuves aussi longtemps que lui, qui a donné sa vie pour eux (cf. *Jn* 13, 1). Avant cette persévérance jusqu'au bout, Jésus exhorte les siens à persévérer à garder la Parole entendue avec un cœur loyal et bon (*Lc* 8, 15) et à porter du fruit. L'Ecriture en fait se

[3] JEAN-PAUL II, Ex. Ap. post-synodale *Vita consecrata* (25 mars 1996), 20.

révèle source de persévérance, de consolation et d'espérance, et, en même temps, motif de persécutions à affronter (cf. *Rm* 15, 4).

Les textes évangéliques présentent déjà quelques-uns des thèmes particuliers de la discussion néotestamentaire sur la *persévérance*, dont le caractère qualifie le chrétien. La lettre de Jacques s'ouvre de façon exemplaire sur une exhortation à la persévérance : *Prenez de très bon cœur, mes frères, toutes les épreuves par lesquelles vous passez, sachant que le test auquel votre foi est soumise produit de l'endurance. Mais que l'endurance soit parfaitement opérante, afin que vous soyez parfaits et accomplis, exempts de tout défaut* (*Jc* 1, 2-4).

La persévérance est comprise avant tout comme *patience*, comme capacité de subir des épreuves qui préparent à être *parfaits et accomplis.*

La persévérance, dont Paul vit et témoigne, est la vertu de celui qui combat pour témoigner de sa fidélité au Christ (*1 Tm* 6, 11-12). Le chrétien est appelé à la persévérance comme le Christ, ainsi que Jésus l'affirme lui-même (cf. *Lc* 22, 28).

28. La Lettre aux Hébreux appelle à courir *avec persévérance l'épreuve qui nous est proposée, les yeux fixés sur Jésus, l'initiateur de la foi, et qui la mène à son accomplissement* (*He* 12, 1-2). Dans la persévérance se révèle ainsi l'amour authentique pour le Christ de celui qui fixe les yeux du cœur et de l'esprit sur Lui, comme un athlète fixe la ligne d'arrivée. Quand, dans la vie, l'objectif vient à manquer, tout devient pesant, vide de sens, et l'amour n'a plus de consistance.

« L'auteur de la lettre aux Hébreux dit : « Vous avez seulement besoin de persévérance ». La persévérance est *nécessaire pour accomplir la volonté de Dieu et obtenir ain*si la réalisation des promesses. La persévérance pour arriver à la promesse. Et le chemin de la promesse a des moments beaux, lumineux et des moments obscurs ».[4] Le Pape recommande de persévérer toujours selon les deux indications proposées par l'Apôtre : mémoire et espérance. Mémoire des jours heureux de la rencontre avec le Seigneur : « par exemple, quand j'ai fait une œuvre bonne et que j'ai senti que le Seigneur était proche [...], quand j'ai choisi d'entrer au séminaire ou dans la vie consacrée ».[5] L'auteur de la Lettre suggère de rappeler à la mémoire ces moments, les premiers

[4] François, *Méditation du matin* dans la Chapelle de la Maison Sainte Marthe, Mémoire et espérance (1er février 2019).

[5] *Idem.*

jours, quand tout était lumineux. La seconde indication est l'espérance : « quand le diable nous attaque avec la tentation, avec les vices, avec notre misère, regarder toujours le Seigneur, la persévérance de la croix, se souvenant des premiers temps de l'amour, de la rencontre avec le Seigneur et de l'espérance qui nous attend ».[6]

Le don du Dieu de l'alliance est aussi la persévérance de la personne consacrée, persévérance qui « témoigne sans parole mais avec éloquence, du Dieu fidèle dont l'amour est éternel ».[7] Née de l'espérance vivante de l'Amour qui sauve, à la lumière de la fidélité du Dieu Père Fils et Saint Esprit, la vie consacrée trouve son sens dans le dynamisme de la fidélité.[8]

Persévérer dans la fidélité

29. A partir des textes conciliaires, le binôme 'fidélité-persévérance' a caractérisé le magistère de la vie consacrée. Le Concile et

[6] *Idem.*

[7] Congrégation pour les Religieux et les Instituts séculiers, *Eléments essentiels de l'enseignement de l'Eglise sur les instituts consacrés à l'apostolat,* Roma (31 mai 1983), 37.

[8] Cf. Jean-Paul II, Ex. Ap. post synodale *Vita consecrata* (25 mars 1996), 70.

les textes qui ont suivi ne comprennent pas les deux termes comme des synonymes mais plutôt comme des aspects indissociables d'une attitude spirituelle unique : la persévérance est une qualité indispensable de la fidélité. Et surtout dans les documents du Concile et dans ceux qui ont immédiatement suivi, la persévérance apparait comme un attribut typique de la fidélité, une qualité constitutive qui est conjuguée avec l'humilité.

Le n° 46 de la Constitution dogmatique sur l'Eglise, *Lumen gentium,* exprime explicitement la grandeur de la vie de consécration spéciale qui prolonge dans l'histoire, à travers le signe et l'agir de la personne consacrée, la présence du Christ : « ce saint Concile approuve et loue ces hommes et ces femmes, ces frères et ces sœurs qui, dans les monastères, dans les écoles et les hôpitaux, dans les missions, apportent à l'Epouse du Christ la parure d'une constante et humble fidélité à leur consécration, et à tous les hommes leurs services aussi généreux que divers ».[9] La vie même des consacrés et des

[9] Concile Vatican II, Constitution dogmatique sur l'Eglise *Lumen gentium*, 46.

consacrées est donc définie par la fidélité persévérante et humble à la consécration.

Amour total et exclusif

30. Saint Paul VI, dans son Magistère sur le sacerdoce et la vie consacrée, soulignait la valeur de la fidélité persévérante et de la totalité de la donation des personnes consacrées. Le saint Pontife, même s'il ne la mentionne pas directement, décrit la persévérance comme signe que le consacré et la consacrée ont offert leur vie de façon irrévocable et sont pleinement fidèles à leur offrande.

Dans la lettre encyclique *Sacerdotalis coelibatus* de 1967, sur le célibat des prêtres, il exhorte à un amour authentique qui « est total, exclusif, stable et perpétuel, et porte irrésistiblement à tous les héroïsmes »[10]. La même année dans le *Message pour la Journée Mondiale des Vocations*, il soulignait encore la totalité de l'appel à la vie de consécration spéciale : « *Le mot vocation prend un sens plénier et spécifique, lorsqu'il se réfère et tend à une vocation de perfection doublement spéciale : parce que cet appel vient directement de Dieu, comme un rayon*

[10] Paul VI, Lettre Enc. *Sacerdotalis coelibatus* (24 juin 1967), 24.

de lumière pénétrant les profondeurs de la conscience, et parce qu'il s'exprime en pratique dans une offrande totale de la vie à un unique et plus haut amour : celui de Dieu et celui de l'amour universel de l'humanité qui en dérive ».[11]

L'Exhortation apostolique *Evangelica testificatio* de 1971 dans laquelle Paul VI demande aux religieux et aux religieuses d'être témoins pour les hommes et les femmes de leur temps d'une vie unifiée et ouverte, qui peut être garantie seulement dans une adhésion personnelle au Dieu vivant,[12] est particulièrement incisive. Le Pontife y mettait en relation le témoignage des personnes consacrées et la persévérance de leur vie.

Le thème de la fidélité prend des accents particuliers dans le magistère de saint Paul VI aux Instituts séculiers, en les appelant au devoir d'être fidèles, fidèles à leur vocation spécifique, qui doit s'exprimer avant tout dans la fidélité à la prière, qui est le « fondement de la solidité et de la fécondité ».[13]

[11] Paul VI, *Message pour la IVème Journée Mondiale de prière pour les vocations* (5 mars 1967).

[12] Cf. Paul VI, Ex. Ap. *Evangelica testificatio* (29 juin 1971), 34.

[13] Paul VI, *Discours* au Congrès Mondial des Instituts séculiers, Cité du Vatican (25 août 1976).

Dans les documents qui ont suivi, la fidélité est décrite toujours plus comme un dynamisme de croissance dans lequel la persévérance requiert l'engagement nécessaire et concordant des personnes consacrées et des Instituts. La persévérance revêt, toujours plus clairement, la valeur de témoignage de la fidélité de Dieu à l'alliance établie avec la personne consacrée, avant même celle de la personne consacrée.

A l'occasion du Synode sur la vie consacrée, le rapport entre fidélité et persévérance a été davantage approfondi et la fidélité a été prise comme mot clé pour résumer et décrire les valeurs essentielles de la vie consacrée.

Marie modèle de persévérance

31. La Vierge Marie est constamment indiquée comme modèle et soutien de cette « persévérance dans la fidélité » des personnes consacrées. Saint Jean-Paul II l'invoque dans la conclusion de l'Exhortation *Redemptionis donum* : « Parmi toutes les personnes consacrées sans réserve à Dieu, elle est la première. Elle, la Vierge de Nazareth, est aussi *la plus totalement consacrée à Dieu*, consacrée de la façon la plus parfaite. Persévérez dans la fidélité à Celui qui est fidèle, et efforcez-vous de chercher un *soutien* tout à fait spécial *en Marie* ! Elle a été appelée par Dieu à la communion la plus parfaite avec son Fils. Qu'elle soit aussi, elle, la Vierge fidèle, la Mère de votre cheminement évangélique : qu'elle vous aide à expérimenter et à montrer au monde *la fidélité infinie de Dieu même !* ».[14]

L'expression « persévérance dans la fidélité » constitue l'une des clés d'interprétation les plus efficaces pour lire l'exhortation apostolique *Vita consecrata.* En elle, la persévérance est en relation directe avec la fidélité, au-delà de ses diverses expressions. La persévérance, avant même la fidélité à la règle ou au charisme, est mise en relation avec la fidélité à Dieu, dans une sorte de synthèse de tout le cheminement de la réflexion du Magistère.

Itinéraire d'une fidélité croissante

32. La fidélité de Dieu envers chaque homme et chaque femme se manifeste dans la créativité, tout au long de l'histoire du Salut. Par conséquent, même notre fidélité est le

[14] JEAN-PAUL II, Ex. Ap. *Redemptionis donum* (24 mars 1984), 17.

contraire de quelque chose de fixe, elle est appelée à être dynamique, comme le souligne avec force *Vita consecrata* :[15] ce que l'on veut conserver est continuellement actualisé. La fidélité se conjugue donc avec la créativité : quelque chose doit changer et quelque chose doit être maintenu. Il est important de discerner ce qui doit rester dans la persévérance de ce qui peut et doit changer.

« Tel est le sens de la vocation à la vie consacrée : une initiative qui vient tout entière du Père (cf. *Jn* 15, 16), qui demande à ceux qu'il a choisis la réponse d'un don total et exclusif. L'expérience de cet amour gratuit de Dieu est à ce point intime et forte que la personne comprend qu'elle doit répondre par un don inconditionnel de sa vie, en consacrant tout, à ce moment-là et pour l'avenir, entre ses mains ».[16]

Si la fidélité définitive à la communion d'amour avec le Père signifie fidélité à la vocation, à la consécration et à la mission reçue de ce même Père, la fidélité au Christ se fonde non seulement sur le baptême mais sur l'al-

[15] JEAN-PAUL II, Ex. Ap. post-synodale *Vita consecrata* (25 mars 1996), 70.

[16] *Idem*, 17.

liance sponsale. « Nous pouvons dire – écrivait encore Saint Jean-Paul II dans *Vita consecrata* – que la vie spirituelle, comprise comme la vie dans le Christ et la vie selon l'Esprit, se définit comme un itinéraire de fidélité croissante, où la personne consacrée est conduite par l'Esprit et configurée par lui au Christ, en pleine communion d'amour et de service dans l'Église ».[17] Etre comme Lui passe avant tout autre service et toute action, c'est pourquoi la fidélité au Christ des consacrés et des consacrées leur permet de devenir, jour après jour, le prolongement dans l'histoire de la présence spéciale du Seigneur Ressuscité.[18]

C'est dans la fidélité à l'Esprit Saint[19] que chaque consacré peut être toujours plus fidèle à son identité[20] dans la mesure où la virginité pour le Royaume « constitue le reflet de *l'amour infini* qui relie les trois Personnes divines dans la profondeur mystérieuse de la vie trinitaire ; amour dont témoigne le Verbe incarné jusqu'au don de sa vie ; amour répandu en nos cœurs

[17] *Idem*, 93.
[18] *Idem*, 19.
[19] *Idem*, 62.
[20] *Idem*, 71.

par l'Esprit Saint (*Rm* 5, 5), qui pousse à une réponse d'amour total pour Dieu et pour les frères ».[21]

33. Dans cette lumière trinitaire, on comprend les quatre fidélités classiques : « Soyez toujours prêts, fidèles au Christ, à l'Église, à votre Institut et à l'homme de notre temps ».[22] La fidélité à l'Institut renvoie explicitement à la Trinité dans la mesure où tout charisme est un don de Dieu qui trouve dans la personne humaine un collaborateur : dans ce sens, la fidélité personnelle à rester dans un Institut déterminé, même en admettant quelques exceptions, n'est pas seulement une question humaine mais renvoie au choix plus profond de fidélité à Dieu. La fidélité à l'homme de notre temps signifie l'aimer et le servir selon le cœur du Christ et sur le modèle de la Trinité. Une fidélité sur le modèle trinitaire ne peut qu'être comme celle de Dieu pour l'homme, donc une fidélité totale dans la mesure où elle va jusqu'au bout, jusqu'à la croix.[23]

[21] *Idem*, 21.
[22] *Idem*, 110.
[23] *Idem*, 86.

34. Par conséquent, le consacré est appelé par vocation à vivre comme disciple à la suite du Christ, comme une réponse d'amour qui implique une totale adhésion au Christ dans le don de toute la vie, et si c'est nécessaire jusqu'à l'offrande de soi dans le martyre.

Saint Jean-Paul II a réaffirmé qu'une persévérance authentique dans la sequela est vécue par les consacrés et les consacrées, également dans toute sa valeur de martyre, de façon simple et quotidienne en référence constante au charisme de fondation.[24]

La persévérance des personne consacrées consiste à suivre le parcours prescrit par la règle et les constitutions des Instituts, qui indique le chemin de sainteté dans lequel le consacré et la consacrée doivent persévérer afin de se conformer au Christ, pour qu'ils puissent être témoins et participants de son œuvre rédemptrice.

Pour la communauté comme pour les personnes consacrées, la *sequela Christi* s'accomplit dans le mystère pascal, en vivant avec une

[24] Cf. *idem*, 37.

« ferme confiance dans le Seigneur de l'histoire »,[25] qui dans la persévérance trouve la réalisation et le témoignage le plus clair.

D'autre part, *Vita consecrata* rappelle comment : « en ce siècle, comme à d'autres époques de l'histoire, des hommes et des femmes consacrés ont rendu témoignage au Christ Seigneur par le don de leur vie. Ils sont des milliers, ceux qui, contraints à se réfugier dans les catacombes à cause de la persécution de régimes totalitaires ou de groupes violents, entravés dans leur activité missionnaire, dans l'action en faveur des pauvres, dans l'assistance aux malades et aux marginaux, ont vécu et vivent leur consécration au prix de souffrances prolongées et héroïques, et souvent par l'effusion de leur sang, étant ainsi pleinement configurés au Seigneur crucifié ».[26] A ces femmes et ces hommes qui ont persévéré dans l'amour jusqu'à donner leur vie, l'exhortation apostolique confie la tâche d'intercéder pour la fidélité de chaque personne consacrée.[27]

[25] *Idem*, 63.
[26] *Idem*, 86.
[27] Cf. *Idem*.

La vie fraternelle lieu de la persévérance

35. Après le Concile, le Magistère a approfondi le rôle de la vie fraternelle dans la persévérance des consacrés. Avec une insistance grandissante en effet, il a reconnu dans la vie fraternelle en communauté et dans les relations qui s'y constituent, l'un des domaines caractéristiques de la *sequela Christi* des consacrés. D'autre part, il est très significatif que, dans le Magistère conciliaire, la vie commune soit le premier sujet appelé à la persévérance : « la vie à mener en commun doit persévérer dans la prière et la communion d'un même esprit, nourrie de la doctrine évangélique, de la sainte liturgie et surtout de l'Eucharistie (cf. *Ac* 2, 42), à l'exemple de la primitive Église dans laquelle la multitude des fidèles n'avait qu'un cœur et qu'une âme (cf. *Ac* 4, 32) ».[28] La communauté apostolique de Jérusalem est donc proposée comme modèle de la vie religieuse, afin qu'elle puisse accueillir les défis que comporte l'histoire contemporaine.

[28] Cf. Concile Vatican II, Décret sur le renouveau de la vie religieuse *Perfectae caritatis*, 15.

Le Magistère indique les instruments à travers lesquels la vie fraternelle est vivifiée et nourrie : l'évangile, la liturgie eucharistique et la prière. Ces instruments seront constamment suggérés dans les documents successifs, jusqu'à trouver un développement approfondi dans *Repartir du Christ.*[29] Progressivement est mis en lumière le fait que sont essentielles, pour une véritable vie de communion, non seulement la prière mais la persévérance des membres de la communauté dans leur cheminement d'adhésion au Christ, qui se réalise aussi à travers l'attention aux relations communautaires. Il en ressort en outre que la persévérance de chacun est en rapport réciproque avec la persévérance de la communauté.

Coresponsables de la fidélité du frère et de la sœur

36. Le lien fort entre une vie fraternelle authentiquement évangélique et la capacité effective d'une communauté à former de jeunes religieux a été largement réaffirmé et approfondi

[29] Congrégation pour les Instituts de vie consacrée et les Sociétés de vie apostolique, Instruction *Repartir du Christ. Un engagement renouvelé de la vie consacrée au troisième millénaire* (19 mai 2002).

par les Directives de *Potissimum institutioni*[30] qui, se référant une fois de plus à « l'inspiration fondamentale » de l'Église décrite dans les Actes des Apôtres, « fruit de la Pâque du Seigneur », rappelle les conditions et les exigences qu'un tel modèle requiert :[31] humble réalisme et attitude de foi, oubli de soi et accueil de l'Esprit, toutes caractéristiques propres à la persévérance.

37. L'Instruction *La vie fraternelle en communauté, Congregavit nos in unum Christi amor*,[32] marque la pleine maturation de la valeur fondamentale de la vie en commun comme soutien et garantie de la persévérance. « La qualité de la vie fraternelle, lit-on dans l'Instruction, a aussi un fort impact sur la persévérance de chaque religieux. De même que la mauvaise qualité de la vie fraternelle a souvent été utilisée comme motif de nombreux abandons, de même la fra-

[30] Congrégation pour les Instituts de vie consacrée et les Sociétés de vie apostolique, *Potissimum institutioni.* Directives sur la formation dans les Instituts religieux (2 février 1990).

[31] Cf. *Idem*, 26.

[32] Congrégation pour les Instituts de vie consacrée et les Sociétés de vie apostolique, Instruction *La vie fraternelle en communauté, Congregavit nos in unum Christi amor* (2 février 1994).

ternité vécue a constitué et constitue encore un soutien valable pour la persévérance de beaucoup. Dans une communauté vraiment fraternelle, chacun se sent coresponsable de la fidélité de l'autre ; chacun apporte sa contribution à un climat serein de partage de vie, de compréhension, d'entraide ; chacun est attentif aux moments de fatigue, de souffrance, d'isolement, de démotivation du frère, chacun offre son soutien à ceux qui sont affligés par les épreuves et les difficultés. Ainsi la communauté religieuse, qui soutient la persévérance de ses membres, acquiert aussi la force d'un signe de la fidélité éternelle de Dieu et donc de soutien à la foi et à la fidélité des chrétiens, immergés dans les événements de ce monde qui semble de moins en moins connaître les voies de la fidélité ».[33]

38. Les dimensions communautaires de la persévérance reviennent dans les documents les plus récents, avec des attentions significatives. L'Instruction *Repartir du Christ* voit précisément dans la formation le domaine direct de l'engagement persévérant de l'Institut et de la per-

[33] Cf. *Idem*, 57.

sonne consacrée.[34] Enfin, l'Instruction *Le service de l'autorité et l'obéissance*[35] confie au supérieur, comme garant et promoteur d'une vie fraternelle authentiquement vécue selon l'Évangile, le soin et l'intercession pour la persévérance de chaque religieux qui lui est confié.[36]

Persévérer dans la prière

39. Dans les documents du Magistère, le thème de la prière caractérise la relation entre persévérance et fidélité. La première persévérance que le consacré est invité à conserver est l'imploration continue de la grâce de la fidélité : « il implorera avec humilité et persévérance la grâce de la fidélité, qui n'est jamais refusée à ceux qui la demandent avec un cœur sincère ».[37]

[34] Cf. Congrégation pour les Instituts de vie consacrée et les Sociétés de vie apostolique, Instruction *Repartir du Christ. Un engagement renouvelé de la vie consacrée dans le Troisième Millénaire* (19 mai 2002), 18.

[35] Congrégation pour les Instituts de vie consacrée et les Sociétés de vie apostolique, Instruction *Le service de l'autorité et l'obéissance. Faciem tuam, Domine, requiram* (11 mai 2008).

[36] Cf. *Idem*, 30.

[37] Concile Vatican II, Décret *Presbiterorum ordinis*, 16.

En particulier, l'Instruction *Repartir du Christ* a approfondi et développé la réflexion sur le rôle de l'Esprit Saint dans la prière et dans la persévérance de la personne consacrée. Elle nous invite à nous ouvrir au souffle vivifiant de l'Esprit Saint, qui devient le créateur de la nécessaire persévérance de la personne consacrée.[38]

L'action de l'Esprit n'atténue en rien la responsabilité de la personne consacrée dans son engagement de vie. Au contraire, c'est précisément sa persévérance qui constitue le lieu et le moyen de ce combat spirituel qui met en action toutes ses vertus humaines, fait d'elle un sujet libre dans la garde des dons de grâce reçus et lui permet chaque jour de renouveler leur valeur dans la dynamique incessante de la conversion. Le Magistère n'a pas négligé cet aspect fondamental de la persévérance.

La formation fondement de la persévérance

40. La prise de conscience croissante de l'importance de la formation dans la persévé-

[38] Cf. CONGRÉGATION POUR LES INSTITUTS DE VIE CONSACRÉE ET LES SOCIÉTÉS DE VIE APOSTOLIQUE, Instruction *Repartir du Christ, Un engagement renouvelé de la vie consacrée dans le Troisième Millénaire* (19 mai 2002), 10.

rance de la personne consacrée et dans sa capacité à lutter pour elle, trouve dans les Directives de *Potissimum institutioni* son expression la plus mûre et la plus complète. L'ensemble du document semble reposer sur le désir de revigorer, à travers des programmes de formation appropriés, la qualité de la vie consacrée et la persévérance des personnes consacrées. La personne est appelée à s'ouvrir à deux attitudes définies comme fondamentales, typiques du combat spirituel : « l'humilité de ceux qui se confient à la sagesse de Dieu, et la science et la pratique du discernement spirituel pour pouvoir reconnaître la présence de l'Esprit dans tous les aspects de la vie et de l'histoire ».[39] Le document rappelle que dans le discernement de la volonté de Dieu, la médiation humaine d'un guide spirituel est également nécessaire, grâce à laquelle la personne consacrée pourra exercer cette ouverture du cœur qui constitue un autre des moyens les plus traditionnels et importants du combat

[39] Congrégation pour les Instituts de vie consacrée et les Sociétés de vie apostolique, *Potissimum institutioni.* Directives sur la formation dans les Instituts religieux (2 février 1990), 19.

spirituel. Cela n'enlève rien à la responsabilité de chacun dans sa propre formation.[40]

41. Dans ce dynamisme, on comprend l'importance de la formation continue qui conduit la personne consacrée et l'Institut à « une vérification continuelle de la fidélité au Seigneur, de la docilité à son Esprit, [...] de la constance dans le don, de l'humilité pour supporter les contretemps ».[41]

Saint Jean-Paul II, dans *Vita consecrata*, fait aussi référence à plusieurs reprises à la dimension communautaire du combat spirituel pour la sainteté, et il appelle les Instituts à être courageux pour affronter les « difficultés matérielles et spirituelles, en pleine docilité à l'inspiration divine et au discernement ecclésial ».[42]

La joie de la persévérance

42. L'Instruction *La vie fraternelle en communauté* offre un autre élément déterminant de la fidélité et de la persévérance : la joie. Un critère fondamental de la qualité de la vie fraternelle est

[40] Cf. *Idem*, 29.

[41] *Idem*, 67.

[42] Jean-Paul II, Ex. Ap. post-synodale *Vita consecrata* (25 mars 1996), 37.

identifié dans le « témoignage de joie » de toute la fraternité, qui constitue un « soutien supplémentaire pour la persévérance » de la personne consacrée. « Il ne faut pas oublier, enfin, que la paix et le plaisir d'être ensemble demeurent l'un des signes du Royaume de Dieu. La joie de vivre, même au milieu des difficultés du chemin humain et spirituel, et au milieu des ennuis quotidiens, fait déjà partie du Royaume. Cette joie est fruit de l'Esprit et épouse la simplicité de l'existence, la trame monotone du quotidien. Une fraternité sans joie est une fraternité qui s'éteint. Très vite, les membres seront tentés de chercher ailleurs ce qu'ils ne peuvent trouver chez eux […] ».[43]

Déjà la Constitution *Lumen gentium* avait défini les familles religieuses comme des moyens d'avancer « dans la joie spirituelle sur le chemin de la charité ».[44] Le Magistère suivant a insisté sur le lien entre le témoignage de la vie de consécration spéciale et la joie, particulièrement

[43] Congrégation pour les Instituts de vie consacrée et les Sociétés de vie apostolique, Instruction *La vie fraternelle en communauté, Congregavit nos in unum Christi amor* (2 février 1994), 28.

[44] Concile Vatican II, Constitution dogmatique sur l'Eglise *Lumen gentium*, 43.

à travers la fraternité vécue. « Nos contemporains – continue *La vie fraternelle en communauté* – veulent voir dans les personnes consacrées la joie d'être avec le Seigneur »,[45] la joie de rester fidèles,[46] le fruit de « l'amoureuse fréquentation quotidienne de la Parole ».[47]

Les communautés, riches *de joie et d'Esprit Saint* (*Actes* 13,52), « dans lesquelles l'attention mutuelle aide à dépasser la solitude, la communication pousse chacun à se sentir responsable et le pardon cicatrise les blessures et renforce de la part de tous l'engagement à la communion. Dans des communautés de ce type, la nature du charisme oriente les énergies, soutient la fidélité et guide le travail apostolique de tous, pour l'unique mission »,[48] elles deviennent elles-mêmes évangélisatrices, sont des lieux

[45] Congrégation pour les Instituts de vie consacrée et les Sociétés de vie apostolique, Instruction *La vie fraternelle en communauté. Congregavit nos in unum Christi amor* (2 février 1994), 28.

[46] Cf. Congrégation pour les Instituts de vie consacrée et les Sociétés de vie apostolique, Instruction *Le service de l'autorité et l'obéissance. Faciem tuam, Domine, requiram* (11 mai 2008), 7.

[47] *Idem.*

[48] Jean-Paul II, Ex. Ap. post-synodale *Vita consecrata* (25 mars 1996),45.

d'espérance, des lieux des Béatitudes vécues, « des lieux où l'amour, s'appuyant sur la prière, source de la communion, est appelé à devenir logique de vie et source de joie ».[49]

43. L'Exhortation apostolique *Vita consecrata* invite aussi spécialement les femmes consacrées à vivre « pleinement et joyeusement »[50] leur vocation, afin d'être « *un signe de la tendresse de Dieu pour le genre humain* et un témoignage particulier du mystère de l'Église, vierge, épouse et mère ».[51]

Une tâche précise, également en ce qui concerne la persévérance dans la joie, est confiée à ceux qui exercent le service de l'autorité, qui sont invités à élever leur prière au ciel, afin que ceux qui leur sont confiés « persévèrent avec joie dans leur saint dessein et, en persévérant, puissent obtenir la vie éternelle ».[52]

[49] *Idem*, 51.

[50] *Idem*, 57, 58.

[51] *Idem*.

[52] Congregation pour les instituts de vie consacree et les societes de vie apostolique, Instruction *Le service de l'autorité et l'obéissance. Faciem tuam, Domine, requiram* (11 mai 2008), 30.

44. Le Magistère du Pape François est particulièrement attentif à la joie. *Evangelii gaudium, Amoris lætitia, Gaudete et exsultate,* les *incipits* posent une exigence évangélique décisive dans la vie des disciples : l'urgence de la joie, qui est la joie de l'Evangile, la joie de l'amour, l'expérience joyeuse de la communion avec le Seigneur Jésus. S'adressant aux personnes consacrées, il les invite continuellement à témoigner de la joie : « C'est la beauté de la consécration : c'est la joie, la joie... ».[53] La joie d'apporter à tous la consolation de Dieu.

La joie pour le Pape François n'est pas un ornement inutile, mais c'est l'exigence et le fondement de la vie humaine. Dans l'essoufflement quotidien, chaque homme et chaque femme tend à atteindre et à demeurer dans la joie avec tout son être, la joie est le moteur de la persévérance. « La joie naît de la gratuité d'une rencontre ! [...] Et la joie de la rencontre avec Lui et de son appel incite à ne pas se renfermer, mais à s'ouvrir. Elle nous conduit au service dans l'Église. Saint Thomas disait : « *Bonum est diffusivum sui* ». Le bien se

[53] François, *Rencontre* avec les séminaristes et les novices, Cité du Vatican (6 juillet 2013).

diffuse. Et la joie aussi se diffuse. N'ayez pas peur de montrer votre joie d'avoir répondu à l'appel du Seigneur, à son choix d'amour, et de témoigner de son Evangile dans le service de l'Église. Et la joie, la vraie, est contagieuse, elle contamine… elle fait avancer ».[54]

[54] FRANÇOIS, *Authenticité et cohérence*, le Pape François parle de la beauté de la consécration (Rencontre avec *les séminaristes et les novices*, Rome 6 juillet 2013). Dans *L'Osservatore Romano* du 8-9 juillet 2013.

II.
PROCESSUS POUR UN DISCERNEMENT PARTAGE

Ecole de vie

45. La fidélité dans la persévérance à la vocation est un don précieux, contenu dans des vases d'argile (cf. *2 Co* 4, 7 ss). Dans cette tension entre le trésor donné et la fragilité que l'on rencontre aujourd'hui dans la vie consacrée, il est fondamental de préserver un équilibre qui donne une perspective au processus de croissance de chacun. C'est précisément de l'expérience que peuvent émerger des opportunités de vie qui contribuent à remodeler les vieux schémas, surtout si les personnes apprennent à relire la conclusion d'un parcours vocationnel d'un point de vue constructif, capable de donner un nouveau sens à leur comportement quotidien. Tout cela est possible si nous regardons à nouveau la vie consacrée comme une école de vie où, dans la relation avec les autres, « on apprend à aimer Dieu, à aimer les frères et les sœurs avec lesquels on vit, à aimer l'humanité qui a besoin de la miséricorde de Dieu et de la solidarité fraternelle ».[55]

Considérer l'abandon de la vie consacrée comme faisant partie d'un processus de *discernement-accompagnement* semble être une contradiction, surtout quand il s'agit de personnes qui ont vécu et fait vivre des moments de difficultés et de tensions dans leurs communautés et Instituts. En fait, lorsque la sortie d'un frère ou d'une sœur est perçue comme une «libération», quelque chose n'a pas fonctionné sur le chemin du discernement. On ne devrait pas arriver au stade du discernement final en passant par des situations d'exclusion ou de véritable ostracisme de la communauté ou de l'Institut : cela risque en effet d'alimenter un sentiment d'échec chez ceux qui partent et de générer un nouveau malaise chez ceux qui restent.

[55] Congrégation pour les Instituts de vie consacrée et les Sociétés de vie apostolique, Instruction *La vie fraternelle en communauté. Congregavit nos in unum Christi amor* (2 février 1994), 25.

46. Aujourd'hui, il faut une conscience plus mûre de la *perspective d'éducation de l'Église*, qui prend soin du frère et de la sœur en difficulté et – quand il s'agit de choix douloureux et difficiles – les accompagne dans la recherche d'un chemin différent et de nouvelles orientations qui donnent sens au choix de vie. Nous avons à notre disposition des potentiels et des ressources qui, jusqu'à hier, étaient restés latents ; il s'agit de les redécouvrir pour aborder les périphéries existentielles, non seulement vers l'extérieur dans l'évangélisation, mais aussi dans nos propres milieux. En cédant au pessimisme face au phénomène des abandons, nous finissons par adopter une attitude de passivité résignée, ou pire, par réagir d'une manière déresponsabilisante, dans la conviction qu'il n'y a plus rien à faire.

Et pourtant, c'est précisément dans ces moments de douloureux désarroi que l'accompagnement est nécessaire pour aider à décider de la vie, en offrant « à la personne le soutien d'une confiance plus grande et d'un amour plus fort ».[56] C'est dans les moments de fragilité, en

[56] Jean-Paul II, Ex. Ap. post-synodale *Vita consecrata* (25 mars 1996), 70.

effet, que la personne ressent le plus fort besoin de redécouvrir le sens de l'alliance que Dieu continue d'établir et n'entend pas nier, surtout avec ceux qui sont faibles et désorientés. Nous avons besoin d'une proximité éducative qui nous aide à retracer le chemin de la vie, jusqu'à ce que nous arrivions à des choix qui peuvent être aussi des «non» douloureux. Envisager le moment de la sortie comme un chemin d'accompagnement vocationnel, c'est travailler ensemble pour un discernement qui continue à avoir un sens, même et surtout dans les moments les plus délicats et importants de la vie, dans une perspective d'inclusion, en respectant la diversité des choix du frère ou de la sœur. Le moment de la «crise» peut devenir une opportunité, un *kairòs,* pour toute la communauté.

Travailler ensemble pour un discernement partagé

47. Comme au moment du discernement initial, quand il y avait des signes à reconnaître ensemble, de même au moment de la décision de quitter la vie consacrée, il faut redécouvrir, caché dans les plis des événements, le sens profond d'un appel de Dieu et d'une réponse de la personne, où Dieu continue à se manifester comme Celui qui donne sens à tout événement de la vie humaine. Il est important que ce temps soit également vécu sous l'angle de la clarté de l'orientation et du soutien affectif. En ce sens, il est nécessaire de se doter d'instruments adéquats, non seulement au niveau professionnel pour savoir lire les problèmes, mais surtout en s'engageant en commun pour les affronter adéquatement. En ce sens, *l'exercice du discernement partagé* reste central pour la crédibilité et la fiabilité de la vie et de la mission des consacrés, hommes et femmes, en communion avec l'Église, surtout dans la situation historique actuelle. Concluant sa réflexion sur le discernement dans l'exhortation apostolique *Gaudete et exsultate*, dans un paragraphe particulièrement pertinent, le Pape François résume le sens de son propre itinéraire : « Quand nous scrutons devant Dieu les chemins de la vie, il n'y a pas de domaines qui soient exclus. Sur tous les plans de notre vie, nous pouvons continuer à grandir et à offrir quelque chose de plus à Dieu, y compris sur les plans où nous faisons l'expérience des difficultés les plus fortes. Mais il faut demander à l'Esprit Saint de nous libérer et d'expulser cette peur qui nous porte à lui interdire d'entrer dans certains domaines de notre vie. Lui qui demande tout donne également tout, et il ne veut pas entrer en nous pour mutiler ou affaiblir, mais pour porter à la plénitude. Cela nous fait voir que le discernement n'est pas une auto-analyse intimiste, une introspection égoïste, mais une véritable sortie de nous-mêmes vers le mystère de Dieu, qui nous aide à vivre la mission à laquelle il nous a appelés pour le bien de nos frères ».[57]

Discernement et accompagnement

48. Une véritable sortie de nous-mêmes vers le mystère de Dieu n'est pas une entreprise solitaire, mais un cheminement en compagnie de jeunes, d'adultes, de personnes âgées – frères et sœurs – qui s'engagent à vivre ensemble l'aventure de la rencontre transformante avec le Seigneur. C'est un chemin orienté vers la maturité de la foi, vers l'état adulte (cf. *1 Co* 13, 11-12) de l'être croyant. On est appelé à faire des choix qui engagent notre conscience de croyant, à décider de soi et de sa vie dans la liberté et la responsabilité, selon la vérité du plan mystérieux de Dieu, au-delà des risques et des éventuelles incertitudes. Ce cheminement se

[57] François, Ex. Ap. *Gaudete et exsultate* (19 mars 2018), 175.

déroule par étapes à l'intérieur d'un processus de formation de l'identité personnelle, dans la conscience continue d'une identité religieuse ou sacerdotale renouvelée.

Une mise en œuvre plus convaincue d'un *processus de discernement* à chaque étape et passage de la vie consacrée – en en repensant le sens, les objectifs et les modalités – implique *d'accompagner* la parabole de la persévérance des personnes consacrées dans la fidélité au don d'une vocation à la *sequela Christi.* La tradition a sagement cultivé cette voie, ce qui pourrait permettre une prévention prudente et efficace des malaises et des risques. Dans ce contexte, *un processus de discernement-accompagnement* des personnes consacrées, certainement plus exigeant que par le passé, présente des potentialités pour s'exprimer d'une manière nouvelle. Il est urgent de reconnaître et de recueillir les questions qui peuvent susciter des inquiétudes, mais qui sont aussi signes d'espérance. L'accompagnement et le discernement sont inséparablement unis : le premier se réalise dans le processus sérieux du discernement, et le second se nourrit et prend la forme de l'accompagnement.

49. Parmi les signes d'espérance, nous notons, en particulier, le dépassement progressif d'une mentalité qui avait presque tendance à culpabiliser ceux qui quittaient la vie consacrée, diminuant d'éventuelles responsabilités de l'Institut. Plus de cinquante ans après le Concile Vatican II, l'expérience d'une communauté de discernement-accompagnement s'est consolidée, destinée à ceux qui se trouvent en situation difficile dans leur vie consacrée. Il y a eu aussi une prise de conscience croissante d'un véritable *ministère de discernement-accompagnement* non seulement pour ceux qui traversent une crise, mais aussi pour ceux qui, avec persévérance, veulent réveiller le sens de leur propre fidélité. Ce ministère est appelé à affronter, sans les éviter, les questions difficiles des consacrés et des consacrées ; il doit conjuguer expérience et professionnalisme, en invoquant le don de *sapientia cordis* ; il met en œuvre une prévention vigilante pour affronter des situations même dramatiques avec un sens profond de l'amour pour l'Église.

Former la conscience

50. La conscience morale et croyante est à la base de tout discours sur le discernement et l'accompagnement. Le grand thème de la conscience et de sa formation se situe donc dans le contexte de ce cheminement. La capacité de discerner est inséparable de la formation des consciences : « nous sommes appelés à former les consciences, mais non à prétendre nous substituer à elles ».[58]

Quand on fait appel à la conscience, dans la culture d'aujourd'hui, on voudrait souvent transmettre une idée individualiste et intimiste de soi. Mais mettre la conscience au centre « ne signifie pas suivre son propre moi, faire ce qui m'intéresse, ce qui me convient, ce qui me plaît ».[59] La conscience est le « noyau » et le « sanctuaire de l'homme ».[60] Elle coïncide avec l'identité personnelle de chacun, dans son histoire, plus ou moins troublée : relations, affections, culture d'appartenance. La conscience se forme aussi à travers de bonnes relations, où l'on fait l'expérience du bien auquel la vie vaut la peine d'être consacrée ; en particulier, pour la formation de la conscience, les premières expériences sont décisives, celles liées aux relations familiales, une véritable école d'humanité. C'est

[58] François, Ex. Ap. post-synodale *Amoris laetitia* (19 mars 2016), 37.

[59] François, *Angelus*, Cité du Vatican (30 juin 2013).

[60] Concile Vatican II, Constitution pastorale sur l'Eglise dans le monde de ce temps *Gaudium et spes*, 16.

dans l'expérience de fils et de fille que chaque homme et chaque femme se met à l'écoute de la vérité, du bien, de Dieu. C'est dans ces expériences du bien que la conscience morale reconnaît sa relation profonde avec Dieu qui parle au cœur et aide à discerner, à comprendre la route à suivre et à lui rester fidèle.[61] Avant tout, nous devons être dociles à la Parole, prêts pour les surprises du Seigneur qui parle.

L'appel de Dieu, qui résonne dans le bien, exige une réponse contraignante : tout comme pour les hébreux dans le désert (cf. *Dt* 8, 2), la conscience chrétienne doit aussi traverser un temps d'épreuve, un temps ardu et difficile. C'est là que se révèle ce qui compte vraiment pour nous. L'histoire personnelle est donc marquée par des épreuves et, parfois, par des échecs et des désillusions qui interpellent fortement une formation plus convaincue des consciences, dimension clairement inscrite dans l'exercice du discernement. C'est une grande qualité de comprendre l'âme humaine et surtout cela nous éduque « à la patience de Dieu et à ses temps,

[61] Cf. FRANÇOIS, *Angelus*, Cité du Vatican (30 juin 2013).

qui ne sont jamais les nôtres ».[62] Vécue dans l'existence personnelle, la fidélité à la *memoria Jesu* exige une prise de responsabilité incontournable qui ne peut être laissée à l'improvisation de l'individu, ni être déléguée, encore moins à l'accompagnement de personnes qui déresponsabilisent.

Sur l'horizon du grand thème de la conscience et de ses relations, nous voudrions maintenant indiquer quelques traits fondamentaux du chemin de discernement et d'accompagnement.

Compréhension de soi

51. Les personnes consacrées reconnaissent leur vocation comme un don, et ont une profonde gratitude envers le Seigneur : « la vie que Jésus nous offre – redit le Pape François – est une histoire d'amour, une histoire de vie qui veut se mêler à la nôtre et plonger ses racines dans la terre de chacun [...]. Le salut que Dieu nous offre est une histoire d'amour qui se tisse avec nos histoires ; qui vit et veut naître parmi nous pour que nous puissions donner du fruit

[62] FRANÇOIS, Ex. Ap. *Gaudete et exsultate* (19 mars 2018), 174.

là où nous sommes, comme nous sommes et avec qui nous sommes. C'est là que le Seigneur vient planter et se planter ».[63] La vie ici est comprise comme un don qui se convertit dans le désir d'une *restitutio* en vue du bien de l'autre. C'est un processus de conversion qui ne peut se dispenser de se comprendre en profondeur. Cette compréhension devient le critère d'interprétation de tout discernement et de tout choix.

Le moment initial de cette compréhension de soi-même est un véritable discernement des affections. Avant même une compréhension intellectuelle ou un effort de connaissance, il s'agit ici d'être à l'écoute de ses propres affections, de ses propres sentiments. Sans se livrer d'aucune façon à une auto-compréhension narcissique, il s'agit plutôt de ne pas cacher à soi-même quelque sentiment, quelque affection que ce soit, peut-être sous prétexte qu'on les juge mauvaises. Tout ce qui est refoulé, en effet, revient sous d'autres formes et devient un poison qui pollue la vie personnelle et communautaire.

[63] FRANÇOIS, *Discours* pendant la veillée avec les jeunes à la XXXIV Journée Mondiale de la Jeunesse à Panama (26 janvier 2019).

En discernant ses affections, on se met à l'écoute de l'appel de Dieu, qui passe par l'histoire, personnelle, communautaire, sociale et ecclésiale, avec les sentiments et les désirs qu'elle suscite en nous. C'est pourquoi, au moment où cette compréhension de soi est reconnue et acceptée comme vocation, on assume la grande dignité de cette vérité sur soi-même à laquelle on ne peut qu'être fidèle. Il est particulièrement significatif que la persévérance s'inscrive dans le processus d'accomplissement de sa propre décision de vie et se manifeste dans la sauvegarde fidèle de la vérité sur soi, telle qu'elle est apparue dans son histoire personnelle à travers les expériences vécues. Seule une telle compréhension de soi est en fait capable de faire franchir à la personne un pas définitif vers un avenir dont elle ne peut connaître les contours et de persévérer dans un état de vie qui, même dans les difficultés, reste son *choix* de vie.

Don et engagement

52. La compréhension de soi, dans le discernement des affections, se manifeste dans une existence conçue et vécue comme une réponse à la grâce de Dieu qui précède et appelle au don inconditionnel de soi à Lui et au prochain. Ce n'est que dans une dynamique de don gratuit qu'est possible une réalisation effective de soi en conformité avec l'Évangile du Seigneur Jésus. La recherche de sa propre réalisation est une dimension très ressentie dans notre culture ; cependant, dans le disciple chrétien, elle ne peut être secrètement désirée ou avancée comme prétexte, sous peine de vider de son sens le plus profond le don de soi en Christ, par le Christ et avec le Christ. Dans le paradoxe chrétien, dans sa racine profondément humaine, la réalisation de soi s'offre à celui qui sait qu'il doit se donner sans réserve, jusqu'à la mort, « parce que notre vie sur la terre atteint sa plénitude quand elle se transforme en offrande ».[64] Si on la retient, la vie est perdue. Si au contraire elle est re-donnée, alors elle est retrouvée avec une plénitude surprenante. La parole de l'Évangile dit la vérité profonde de la vie humaine : *celui qui veut sauver sa vie la perdra ; mais celui qui perd sa vie pour moi et pour l'Évangile la sauvera* (*Mc* 8, 35). Le don reçu nous appelle à restituer ce qui nous a été confié, selon une authentique dynamique générative. La dimen-

[64] FRANÇOIS, Ex. Ap. post-synodale *Christus vivit* (25 mars 2019), 254.

sion pascale donne au chrétien, au consacré et à la consacrée, un sens d'accomplissement qui leur permet de vivre sans être conditionnés par la nécessité de confirmations continuelles du choix qu'ils ont fait et sans succomber aux craintes inévitables qui surgissent au cours de la vie. La personne consacrée est consciente que, dans les signes de la limite, de la fragilité et de la misère, elle porte en elle une réalisation plus intense et authentique de son existence. La certitude de l'auto-communication de Dieu dans l'histoire, de son abaissement dans les fragilités humaines, nourrit l'espérance de pouvoir dépasser ses propres limites dans l'offrande persévérante de soi, sans sous-estimer les crises et les risques.

Une liberté responsable

53. L'existence ne peut jamais cesser d'être vécue comme une vocation, car Dieu augmente inlassablement son Don. Elle implique donc que le chemin de formation à la persévérance fidèle crée les conditions d'une liberté responsable et d'une *vérification* continue de celle-ci dans un véritable apprentissage du discernement. « Pour accomplir sa propre vocation, il est nécessaire de développer, de faire germer et grandir tout ce que l'on est. Il ne s'agit pas de s'inventer, de se créer spontanément à partir de rien, mais de se découvrir soi-même à la lumière de Dieu et de faire fleurir son propre être ».[65] Il ne s'agit pas seulement d'une sensibilité intérieure qui s'accorde avec la mélodie de l'Esprit, mais d'affiner sans cesse un sens spirituel qui fait du libre choix de la personne consacrée une *vocation d'humanité* – comme Saint Paul VI a défini l'Eglise experte en humanité, dans son célèbre discours aux Nations Unies[66] – toujours plus capable de percevoir l'événement du salut qui se cache derrière et à l'intérieur de sa propre humanité et du quotidien de son histoire.

La formation à la persévérance ne doit pas être comprise comme un effort volontariste et centré sur soi : elle vise à réveiller, à raviver (cf. *2 Tm* 1, 5) la volonté de répondre au don reçu, dans l'exercice d'une sensibilité intérieure affinée, dont on n'est pas toujours conscient. C'est la première étape du discernement, un don que Dieu désire ardemment éveiller chez tous les

[65] *Idem*, 257.

[66] Cf. Paul VI, *Discours* aux Nations Unies (4 octobre 1965).

croyants, pour qu'ils soient 'accordés' avec le don de l'Esprit dans leur cœur.

Tout cela devrait s'exprimer dans un choix de vie qui souligne la capacité humaine de se projeter dans le temps et d'assumer des engagements stables comme dimensions constitutives de l'identité personnelle et relationnelle, de la cohérence morale de la vie consacrée. Même si la décision de vie a lieu à un moment donné de l'existence, elle a la caractéristique d'être la réponse à un passé de grâce, qui en même temps ouvre à un but qui oriente toute la vie (*projet*) et se fait *traditio*, remise de soi à travers les jours et les œuvres de la vie. Par sa décision, la personne consacrée donne son plein assentiment à ce qu'elle expérimente de la volonté de Dieu : son oui est un *consentement* à ce qu'elle est et à ce que Dieu veut pour elle, et elle le scelle avec son libre accord, accompli et réalisé par le rite de la profession ou de la consécration. Prise aujourd'hui, la décision se fonde sur le don qui a été vécu et elle anticipe un lendemain ; ainsi, elle précède un avenir qui n'existe pas encore et c'est seulement sur cet horizon que la promesse de la fidélité de Dieu et la valeur de notre décision, c'est-à-dire sa cohérence, apparaissent clairement.

54. Dans cette perspective, le discernement aura une place spécifique dans le dialogue entre les consciences, surtout dans la tradition inégalée de l'accompagnement spirituel, qui s'appuie sur une sagesse profondément humaine. Les affections, en effet, demandent à devenir parole. Si la personne reste enfermée sur elle-même, elle reste prisonnière de ses sentiments. A travers la parole du dialogue, au contraire, elle parvient à comprendre le bien qui est en jeu dans son vécu personnel et elle s'ouvre dans le rapport avec les autres. Dans le dialogue avec l'autre, on apprend à comprendre le bien attendu dans les expériences fondamentales de la vie, aspect décisif de la conscience morale de chaque croyant, en particulier des personnes consacrées.

La spécificité de l'état de vie consacrée exige une formation morale continue et permanente. Il s'agit d'éduquer la liberté personnelle à se mettre en jeu, dans l'échange fructueux avec l'autre et dans la disponibilité à découvrir le bien dans lequel Dieu lui-même nous appelle à la plénitude de la vie. On ne peut pas se limiter à faire connaître la doctrine et les normes, souvent de manière superficielle ou inadéquate ;

il faut un appel à lire son propre vécu, là où il est possible de se retrouver soi-même et s'approprier sa motivation morale personnelle. Ce processus ne peut pas être uniquement individuel, il est activé par de bonnes relations intersubjectives. L'appréciation du bien se fait dans la situation réelle où il se présente à *son propre* choix personnel. Il s'agit concrètement d'assumer la responsabilité de la formation de sa propre conscience. Le dialogue d'accompagnement spirituel est un lieu et un temps privilégié pour cette appropriation.

L'accompagnement spirituel, en effet, est un dialogue affronté dans la disponibilité à collaborer à l'intérieur d'une relation, dans le respect mutuel qui rend possible l'écoute et la proposition – ou la re-proposition – de valeurs à reconnaître, choisir, assimiler. Dans l'Exhortation apostolique *Christus vivit*, le Pape François invite résolument à exercer le charisme de l'écoute,[67] en rappelant avant tout l'attention à la personne : « le signe de cette écoute est le temps que je consacre à l'autre. Ce n'est pas une question de quantité, mais que l'autre sente que mon

[67] Cf. FRANÇOIS, Ex. Ap. post-synodale *Christus vivit* (25 mars 2019), 244.

temps est à lui : celui dont il a besoin pour m'exprimer ce qu'il veut. Il doit sentir que je l'écoute inconditionnellement, sans m'offenser, sans me scandaliser, sans m'ennuyer, sans me fatiguer ».[68]

Le dialogue entre les consciences est un instrument précieux de compréhension de soi, il est possibilité de confrontation et d'objectivation, de discernement non seulement sur ce qui doit être fait mais aussi sur ce qui a déjà été fait, afin de pouvoir tirer des fruits de l'expérience et des choix qui ont orienté et orientent l'être, le penser et l'agir en tant que personnes consacrées. Le chemin de la formation initiale et permanente offre des possibilités concrètes destinées à stimuler et à sauvegarder les potentialités des personnes.

55. Dans le processus de discernement, toute la vie est impliquée dans la réponse aux appels que le Seigneur lance dans l'histoire des individus et des communautés. Un discernement spirituel qui ne ressent pas sa mission dans le domaine moral serait réduit à une approche spiritualiste, détachée de l'engagement dans la communauté et le monde. Une telle spiritualité pourrait facilement tomber dans la légitimation

[68] *Idem*, 292.

de l'autoréférence, de l'intimisme ou de la satisfaction d'appartenir à une élite qui se considère supérieure au reste du peuple de Dieu. A plusieurs reprises, le Pape François a rappelé cette tentation qui porte le nom de gnosticisme[69] et a dénoncé une spiritualité désincarnée.[70] D'autre part, un discernement moral qui n'est pas enraciné dans l'expérience spirituelle serait réduit à une décision/évaluation éthique ou à une simple observance extérieure, sans âme ni horizon de sens. C'est pourquoi le discernement est une catégorie morale et spirituelle, un point de rencontre entre la morale et la spiritualité, où la diversité d'approche d'une même réalité montre la richesse anthropologique et théologique de la personne appelée en Christ à porter du fruit pour la vie du monde.[71]

Choix irrévocables

56. La nécessité d'un chemin de discernement et de formation continue de la conscience,

[69] Cf. FRANÇOIS, Ex. Ap. *Evangelii gaudium* (24 novembre 2013), 94.

[70] Cf. *Idem*, 78, 82, 88, 90, 91, 94, 180, 207, 262.

[71] Cf. CONCILE VATICAN II, Décret sur la formation sacerdotale *Optatam totius*, 16.

comme chemin de fidélité responsable aux exigences de l'état de vie consacrée, revêt depuis longtemps une importance toute particulière. « Aujourd'hui règne une culture du provisoire qui est une illusion. Croire que rien ne peut être définitif est une tromperie et un mensonge ».[72] Les personnes consacrées se trouvent dans le contexte de cette 'société liquide', qui a presque fait disparaître du langage et de la culture le sens des *choix irrévocables*. De cette façon, il devient difficile de présenter à l'homme et à la femme de notre temps une proposition d'engagement pour toute la vie. Le contexte socioculturel d'aujourd'hui est caractérisé par l'ouverture à des opportunités toujours nouvelles, par conséquent le *choix de vie* est souvent reporté dans le temps, si ce n'est complètement effacé, dans la pensée trompeuse de pouvoir atteindre une réalisation personnelle indépendamment d'un engagement qui implique totalement leur existence. Dans les cas où une décision finale est prise, elle semble souvent d'une fragilité inquiétante. Si l'on considère la vie consacrée en particulier, les durées et les raisons présentées par

[72] François, Ex. Ap. post-synodale *Christus vivit* (25 mars 2019), 264.

beaucoup d'hommes et de femmes consacrés pour abandonner une vocation choisie comme définitive, sont impressionnantes, même après un long et exigeant processus de formation – le recours *ordinaire* à neuf ans de vœux temporaires ne doit pas être sous-estimé[73] – et même après des étapes significatives dans leur propre expérience de vie consacrée et sacerdotale.

57. Vivre dans l'expérimentation continue semble exprimer un point fort de la culture et de la mentalité contemporaines, surtout en Occident : le destin de l'individu doit toujours et en tout cas rester ouvert et absolument entre ses mains, à sa disposition. Par conséquent, il n'est pas surprenant qu'il y ait un intérêt moindre pour des décisions définitives. La culture et la mentalité vont inévitablement dans la direction opposée à ceux qui veulent choisir ou ont choisi un état de vie définitif, surtout si l'on ajoute à cette perspective la perception répandue d'une incompréhension de la valeur du don de soi gratuit aux autres. De plus, notre contexte so-

[73] Cf. Sacrée Congrégation pour les Religieux et les Instituts séculiers, *Renovationis causam*. Instruction sur la rénovation de la formation à la vie religieuse (6 janvier 1969), 6.

cial s'avère totalement empathique et indulgent envers les personnes qui rompent les liens de la vie assumés de façon irrévocable. Nous ne pouvons cacher le fait que cette culture et cette mentalité pénètrent aussi dans la vie consacrée, sapant le concept même de vocation, traditionnellement conçue comme un lien qui dure toute la vie et doit être conquis tout au long de l'existence. Même dans la communauté chrétienne – en regardant un passé récent – se sont affaiblies les attentes concernant l'irrévocabilité de la vocation et la *stabilité* d'un état de vie.

Découvrir de nouvelles évidences

58. Aux yeux de certains, il peut sembler *normal* de s'interroger sur l'irrévocabilité d'une décision de vie et, pour beaucoup, d'une vie. Pour personne, il ne s'agit d'une décision facile ou superficielle. Dans les choix visant à faire la vérité sur soi-même, la possibilité d'accompagnement ne peut être exclue. Mettre les autres devant le fait accompli n'aide pas à comprendre ses difficultés. D'une part, il s'agit d'engager une confrontation avec ceux qui nous entourent ou qui veulent être proches de nous, afin de ne pas rester prisonniers d'une solitude qui pénalise la liberté et la responsabilité : le sens d'un choix de vie et la perspective d'un avenir qui ait un sens sont en jeu. D'autre part, dans les moments d'accompagnement de crise, il ne devrait pas y avoir trop d'hypothèques sur les décisions à prendre, mais plutôt permettre de faire découvrir de *nouvelles évidences* pour réaliser le don de soi à Dieu et aux autres. S'il est important de savoir mesurer ses énergies pour connaître la limite de ses ressources, il est tout aussi important de se rappeler qu'on peut oser dépasser la limite perçue, accompagné d'une proximité fraternelle, amicale et en même temps lucide qui éclaire, oriente et soutient le discernement dans l'épreuve.

Ouvrir un chemin dans lequel la personne se sent exposée à la mise en évidence des ombres peut faire s'éteindre le désir d'un retour à la lumière. Il faut éviter de s'engager sur la voie de l'autoréférence dans la gestion de sa propre crise, avec le risque d'avoir des effets de passivité résignée ou de s'adapter à sa propre inconsistance ou infidélité. De plus, et pas seulement, il serait peu concluant de se retrouver dans une sorte de vagabondage spirituel, à la recherche de quelqu'un qui puisse trouver des solutions aux indécisions. Si une décision autre que celle qui avait été prise est envisagée, soutenue également par des raisons plausibles, une telle décision doit être dûment vérifiée par des personnes, des délais et des méthodes appropriés. « Il faut éviter des jugements qui ne tiendraient pas compte de la complexité des diverses situations ; il est également nécessaire d'être attentif à la façon dont les personnes vivent et souffrent à cause de leur condition ».[74] Les situations et les problèmes, déjà complexes pour la condition humaine, ne peuvent être appesantis par l'anxiété de trouver au plus vite une solution, au risque de ne pas affronter les vrais problèmes personnels que la crise a permis de faire émerger. On déplace ainsi l'attention sur des critiques judicieuses du milieu de vie, qui déguisent et dissimulent les propres peines réelles. Les difficultés que l'on peut rencontrer, voire subir, n'excluent pas, au contraire, et dans certains cas soulignent, des styles de vie d'irresponsabilité progressive et croissante, jusqu'à une désaffection ou une aliénation totale de la communauté.

[74] XIV Assemblée Générale Ordinaire du Synode des Evêques, *Relatio finalis* (24 octobre 2015), 51 ; cité dans François, Ex. Ap. post-synodale *Amoris laetitia* (19 mars 2016), 79.

III.
SE FAIRE ACCOMPAGNER DANS LES MOMENTS D'ÉPREUVE. LA DIMENSION COMMUNAUTAIRE

Fraternité : soutien à la persévérance

59. Sans une vraie vie fraternelle, l'accompagnement spirituel personnel est exposé à de nombreux risques. Tomber dans une relation intime, dépourvue d'espaces communautaires réels, dans laquelle nous risquons de dire à l'autre ce que nous voudrions être, mais pas ce que nous sommes, est toujours un risque. La perspective d'une vie commune, comprise comme une *schola amoris*, nous amène à nous concentrer sur ce qui peut devenir de manière réaliste une opportunité de croissance et de changement. Le Pape François nous invite à « créer un foyer, pour faire en sorte que la prophétie prenne corps et rende nos heures et nos jours moins inhospitaliers, moins indifférents et anonymes ».[75] Faire un foyer, « c'est créer des liens qui se construisent par des gestes simples, quotidiens et que nous pouvons tous faire. Un foyer, et tous nous le savons très bien, a besoin de la collaboration de chacun. Personne ne peut être indifférent ou étranger puisque chacun est une pierre nécessaire à la construction ».[76]

Les communautés de consacrés et consacrées, toujours plus multiethniques, sont de formidables écoles de cette fraternité de la différence. Nous sommes appelés à former des communautés humaines, lieux d'accueil et d'élaboration des limites, en sorte que « la qualité de la vie fraternelle influe grandement sur la persévérance de chacun des religieux ».[77] Cette persévérance peut être atteinte dans la mesure où certaines conditions qui sont à la base du processus de maturation interpersonnelle sont respectées : que les personnes soient conscientes de leur propre façon de nouer des relations et

[75] François, Ex. Ap. post-synodale *Christus vivit* (25 mars 2019), 217.

[76] *Idem.*

[77] Congrégation pour les Instituts de vie consacrée et les Sociétés de vie apostolique, Instruction *La vie fraternelle en communauté. Congregavit nos in unum Christi amor* (2 février 1994), 57.

coresponsables du potentiel émergeant de leurs rapports réciproques. Ces deux conditions ont des conséquences opérationnelles notables sur le développement transformateur du groupe, car elles aident à redécouvrir le sens téléologique de la coexistence et sont étroitement liées au sens vocationnel de leur propre existence.

Un style accueillant

60. La première conséquence concerne la capacité d'auto-transcendance, car la conscience des limites est un appel à regarder au-delà des faits douloureux. L'expérience des abandons oblige les personnes à réorganiser leur propre style relationnel, sachant que « l'unité qu'elles doivent construire s'établit au prix de la réconciliation ».[78] Cela est possible sur la base d'une vision commune de la vie, comprise comme une occasion précieuse de redécouvrir la continuité du projet de Dieu, même dans la variabilité des situations qui se vivent.

Une deuxième conséquence concerne l'attention que les personnes se prêtent les unes aux autres. « Dans une communauté fraternelle,

[78] *Idem*, 26.

chacun se sent co-responsable de la fidélité de l'autre ; chacun contribue à ce que règne un climat serein de partage de vie, de compréhension mutuelle, d'aide réciproque ; chacun est attentif aux moments de fatigue, de souffrance, d'isolement, de démotivation du frère ou de la sœur ; chacun offre son soutien à celui qu'attristent les difficultés ou les épreuves ».[79]

Une troisième conséquence, qui a un caractère plus affectif, concerne l'expérience émotionnelle du groupe. En effet, les personnes peuvent faire l'expérience du passage de l'insécurité à un style d'appréciation mutuelle aimante s'ils redécouvrent la valeur éducative de l'amour fraternel. Ce n'est qu'ainsi qu'ils pourront établir des relations où tous se sentiront appelés à « être responsables de la croissance de l'autre, ouverts et disponibles pour recevoir le don de l'autre, capables d'aider et d'être aidés, de remplacer et d'être remplacés ».[80] Cette réciprocité authentique, fondée sur l'exemple de Jésus, aidera les membres de chaque communauté religieuse et de chaque réalité de vie consacrée à redécouvrir ce climat de confiance

[79] *Idem*, 57.
[80] *Idem*, 24.

qui les encourage à prendre des risques dans leur manière d'aimer, redécouvrant dans la vie fraternelle le sens d'une communion qui renforce le cœur et vainc la peur des incertitudes. Dans la certitude que, même en ces temps difficiles, « l'amour du Christ diffusé dans les cœurs pousse à aimer les frères et les sœurs jusqu'à assumer leurs faiblesses, leurs problèmes, leurs difficultés; en un mot jusqu'à se livrer soi-même ».[81]

Demeurer centrés, solides en Dieu

61. L'histoire de chacun est entrelacée dans les récits de vie des frères et sœurs avec lesquels nous partageons une con-*vocation* qui n'est jamais fortuite, mais laissée au projet de la Providence de Dieu qui transforme les histoires de chacun en un chemin commun de recherche de Son visage. Dans la vie quotidienne des hommes et des femmes consacrés, *porter les fardeaux les uns des autres* (*Ga* 6, 2) signifie accepter les souffrances, les épreuves et les difficultés. Il s'agit concrètement de nous approprier l'invitation du Pape François à « être centré, soli-

[81] *Idem*, 21.

dement axé sur Dieu qui aime et qui soutient. Grâce à cette force intérieure, il est possible d'endurer, de supporter les contrariétés, les vicissitudes de la vie, et aussi les agressions de la part des autres, leurs infidélités et leurs défauts : « Si Dieu est pour nous, qui sera contre nous ? » (*Rm* 8, 31). Voilà la source de la paix qui s'exprime dans les attitudes d'un saint. Grâce à cette force intérieure, le témoignage de sainteté, dans notre monde pressé, changeant et agressif, est fait de patience et de constance dans le bien. C'est la fidélité de l'amour, car qui s'appuie sur Dieu (*pistis*) peut également être fidèle aux frères (*pistós*) ; il ne les abandonne pas dans les moments difficiles, il ne se laisse pas mener par l'anxiété et reste aux côtés des autres même lorsque cela ne lui donne pas de satisfactions immédiates ».[82]

[82] FRANÇOIS, Ex. Ap. *Gaudete et exsultate* (19 mars 2018), 112.

Troisième partie
La séparation de l'Institut
Normes canoniques et praxis du dicastère

Fidélité et persévérance : redécouvrir le sens de la discipline

62. La fidélité dans la persévérance est parfois compromise par des situations difficiles ou problématiques, décrites dans la première partie. Les résultats, pas toujours prévisibles, sapent la crédibilité du témoignage ou manifestent une grave incohérence avec les exigences de la vocation à la vie consacrée. La cohérence est une réponse de liberté motivée par l'Amour pour Celui qui nous a fait confiance (cf. *1 Th* 5, 2) ; les attitudes, les relations, les styles de vie, les situations inappropriées ou non conformes à la discipline religieuse, obscurcissent l'authenticité de la réponse. La vertu de cohérence ne peut jamais être dite acquise : elle est soutenue par la grâce et confiée à un exercice constant et patient de formation sur soi-même. Etre et se sentir disciples implique d'accepter le *labeur de l'amour* (*1 Th* 1, 3) et ses échecs. Si les incohérences manifestent le côté faible de la vie consacrée, les situations moralement inacceptables le font encore plus. La fidélité subit l'épreuve, elle est mise à l'épreuve. Et les épreuves peuvent conduire à des résultats discutables et à un grave rejet des obligations de l'état de vie consacrée.

Les incohérences et les contre-témoignages ne sont pas exclusivement des événements personnels, presque privés : les dérives négatives sapent la crédibilité du témoignage ecclésial de vie consacrée et l'Institut ne peut et ne doit pas rester spectateur face à des situations qui violent ouvertement les normes fondamentales du statut des personnes consacrées. La tradition, le droit universel et propre, la praxis de la Congrégation pour les Instituts de vie consacrée et les Sociétés de vie apostolique ont émis au fil du temps des directives, des dispositions, des normes, attentives à la protection de la fidélité et à la cohérence des obligations découlant de l'état de la personne consacrée : des obligations qui, si elles ne sont considérées et vécues que comme des devoirs, vident de sens l'appel à suivre le Christ.

63. Il est urgent, surtout au niveau de la formation initiale, de redécouvrir le sens et les implications d'une tradition des religieux : la discipline. Ce mot rappelle à la fois l'exercice assidu de l’apprentissage à l’école de l’Évangile, Règle suprême des consacrés (cf. can. 662), et l’exercice de la conversion qui assure la cohérence effective du disciple dans la fidélité aux engagements (vœux ou autres liens sacrés) pris le jour de la profession ou de la consécration. On peut dire que la discipline, même dans son sens traditionnel, signifie se former à la cohérence et ne pas subir un conformisme mortifiant. Nous sommes des disciples appelés à la liberté (cf. *Ga* 5, 13) et à rendre crédible la liberté de notre choix de vie. Dans la vie consacrée, l’engagement à la cohérence se forme aussi à travers la conscience de ses devoirs, une conscience enracinée dans les motivations qui guident et accompagnent notre fidélité dans la persévérance. Une pratique des devoirs qui n’est pas animée par des motifs évangéliques enferme la vie consacrée dans un horizon privatisé. Lorsque la privatisation n’est pas ouverte et confrontée aux difficultés de la vie quotidienne et aux difficultés des relations avec les frères et sœurs, elle conduit à une gestion autoréférentielle de ses propres crises, au point de légitimer ses propres décisions, qui sont déconnectées d’un dialogue loyal et serein avec ses Supérieurs et, parfois, à la marginalité ou à l’inobservance presque flagrante des règles. Le service de l'autorité est appelé non seulement à faire respecter les règles, mais il en est aussi le garant auprès de l'Institut et de l'Église, et surtout il en promeut le respect afin de sauvegarder le témoignage fidèle de tous. Tout cela s'accomplit aussi par la justesse dans l'application des procédures : des parcours à respecter non pas comme de simples fonctionnaires, mais dans la conscience qu'ils sont des moyens pour protéger les devoirs et les droits de tous, frères et sœurs, supérieurs et formateurs.

64. Les règles sont de précieuses ressources de formation à la fidélité, renforcées par notre être ensemble devant le Seigneur. Ainsi, la fidélité dans la persévérance est redécouverte comme l'expression de cette solidarité de vigilance qui porte les fardeaux les uns des autres (cf. *Gal* 6, 2), qui ressent l'attention à son frère et à sa sœur comme une attente réciproque dans la construction de soi dans le Seigneur. Dans cette perspective, nous pouvons comprendre la troisième partie de ce document, qui systématise les normes du code et la praxis du dicastère en matière d'absence, d'exclaustration, de sortie et de renvoi de l'Institut, et offre une contribution pour un discernement correct des situations difficiles et problématiques dans le processus d'accompagnement des frères et sœurs qui doivent prendre des décisions pour leur avenir, et des supérieurs qui doivent prendre eux aussi des décisions à ce sujet, dans le respect du droit universel et propre.

Par la connaissance et l'application correcte du droit universel et propre, ainsi que par la discipline, surtout dans les choix délicats de séparation de l'Institut de vie consacrée ou de la Société de vie apostolique, l'Église, les Instituts et les Sociétés, les personnes consacrées et les communautés ne cessent d'accompagner et d'éclairer les disciples qui, sur un chemin de discernement, désirent suivre le Maître autrement et sur des chemins différents de celui qui a été primitivement choisi.

65. Les modalités de séparation de l'Institut sont divisées en deux groupes : les *pro gratia* : l'absence (can. 665 § 1), le passage (can. 684), l'exclaustration (can. 686 § 1), l'indult de sortie (can. 691 et 693) et les *disciplinaires* : les trois formes de renvoi (can. 700), dont les motifs sont prévus aux canons 694, 695 et 696. En ce qui concerne le temps, la séparation peut être définitive ou temporaire. L'absence au can. 665 § 1 et les deux formes d'exclaustration au can. 686, sont temporaires. L'indult de sortie pour les membres laïcs (can. 691) et la séparation par renvoi (can. 700) sont définitifs. Le passage à un autre Institut (can. 684) et l'indult de sortie des membres clercs (can. 691 et 693) deviennent définitifs quand les conditions requises sont remplies.

L'absence de la maison religieuse

66. Le religieux est tenu de vivre dans la maison qui lui a été légitimement assignée (cf. can. 608). Pour s'absenter, il a besoin de la permission du Supérieur compétent.

L'absence légitime de la maison religieuse (can. 665 § 1)

67. La permission de s'absenter de la maison religieuse (ou *extra domum*) implique la suspension temporaire de l'obligation *d'habiter dans la propre maison religieuse en gardant la vie commune.* C'est au religieux concerné qu'il appartient de demander l'indult d'absence, en le motivant de manière adéquate.

Le canon distingue deux cas :

– l'absence n'excédant pas un an ;

- l'absence qui peut durer longtemps et nécessite la permission du Supérieur majeur, le consentement de son Conseil et une juste cause.

Le Supérieur majeur, avec le consentement de son Conseil, est autorisé à accorder l'absence de la maison religieuse pour plus d'un an, pour des raisons de santé, d'études ou d'apostolat à exercer au nom de l'Institut. Dans de tels cas, il est tenu de faire preuve d'une vigilance et d'une attention particulières.

Le religieux absent reste membre de la communauté, lié par les vœux et par toutes les obligations contractées ; il conserve voix active et passive, sauf dispositions contraires de l'indult de concession ; il reste pleinement soumis à ses Supérieurs légitimes et doit retourner à la maison religieuse si ceux-ci le rappellent ; il doit rendre compte au Supérieur de l'argent reçu et dépensé.

Il convient que le document accordant la permission de s'absenter mentionne explicitement :

- les contacts que le religieux doit conserver avec l'Institut ;
- l'exercice des droits (voix active et passive, etc.) ;

– l'aide économique que les Supérieurs jugeront éventuellement nécessaire de fournir.

Le manquement aux devoirs propres à l'état de vie consacrée ou un comportement inadéquat, dans la mesure où cela est perceptible dans ces circonstances, ou des situations qui dépassent les termes de l'autorisation reçue, justifient que le Supérieur compétent prenne des mesures correctives concernant le religieux.

L'absence légitime de la maison religieuse est accordée pour des raisons spécifiques et pour un temps déterminé ; lorsque les raisons cessent d'exister, le religieux doit être réintégré dans la communauté. Avant l'expiration du terme de l'indult, le religieux qui en fait la demande peut être réintégré par le Supérieur ; à l'expiration du délai, il doit retourner rapidement dans la communauté.

Il est opportun que le Supérieur majeur informe l'Evêque du lieu où le religieux vivra pendant son absence de l'Institut, si nécessaire en envoyant une copie de l'indult avec les clauses qu'il contient. L'Evêque doit être informé lorsqu'un religieux clerc demande l'autorisation de s'absenter.

L’absence illégitime de la maison religieuse (can. 665 § 2)

68. Le religieux qui s’absente illégitimement avec l’intention de se soustraire au pouvoir des Supérieurs doit être recherché avec sollicitude et aidé à persévérer dans sa vocation.

Si cette intervention de la part des Supérieurs n’a pas d’effet, des mesures disciplinaires pourraient être prises, sans exclure, si nécessaire, le renvoi. En effet, l’absence illégitime prolongée jusqu’à un semestre peut être cause de renvoi (can. 696 § 1) ; si elle dure douze mois sans interruption, le religieux, s’il y a impossibilité de savoir où il se trouve, est renvoyé *ipso facto* (can. 694 § 1, 3).[83]

Le passage à un autre Institut

69. Le passage vers un autre Institut se fait lorsqu’un profès perpétuel quitte son Institut pour s’incorporer dans un autre, sans que cela

[83] Cf. François, Lettre Ap. en forme de motu proprio *Communis vita* par laquelle sont modifiées quelques normes du Code de droit canonique (19 mars 2019) ; Congrégation pour les Instituts de vie consacrée et les Sociétés de vie apostolique, Lettre circulaire sur le m.p. du Pape François *Communis vita* (8 septembre 2019).

n'entraîne l'interruption de la profession des vœux religieux.

Le can. 684 règle divers cas de passages d'un membre d'un Institut à un autre pour être définitivement incorporé :

- le passage d'un profès de vœux perpétuels à un autre Institut religieux (§ 1) ;
- le passage d'un monastère *sui iuris* à un autre monastère du même Institut ou de la même Fédération ou Confédération (§ 3) ;
- le passage d'un Institut religieux à un Institut séculier ou à une Société de vie apostolique, ou de ceux-ci à un Institut religieux (§ 5).

Le passage peut se faire d'un Institut religieux à un autre, soit de droit pontifical, soit de droit diocésain. Dans le cas d'un transfert d'un Institut religieux à une Société de vie apostolique ou à un Institut séculier ou vice versa, un indult de la Congrégation pour les Instituts de vie consacrée et les Sociétés de vie apostolique est requis (can. 684 § 5), dont les dispositions doivent être observées.

Le passage est une autorisation *pro gratia* : il doit être demandé par le membre et ne peut être imposé. La demande doit être dûment justifiée ; l'autorisation est soumise à l'évaluation et à la décision discrétionnaire du Modérateur suprême, tant de l'Institut auquel appartient le religieux que de l'Institut auquel il souhaite passer, avec le consentement des Conseils respectifs.

Une fois le consentement obtenu, le membre concerné passe une période probatoire d'au moins trois ans dans le nouvel Institut. Le début et la durée de la période probatoire doivent être déterminés par le Modérateur suprême du nouvel Institut ; le Modérateur suprême du nouvel Institut, ou son droit propre, doit également déterminer le lieu et les activités à effectuer. Pendant la période probatoire, le religieux reste incorporé à l'Institut d'origine ; son état est semblable à celui d'un membre de vœux temporaires du nouvel Institut, dont il est tenu de respecter les normes. La période probatoire n'est pas un nouveau noviciat.

Si le religieux n'a pas l'intention de faire profession perpétuelle dans le nouvel Institut, ou s'il n'est pas admis par les Supérieurs, il doit retourner dans son Institut. A la fin de la période probatoire, après avoir fait profession perpétuelle, il est *ipso iure* incorporé dans le nouvel Institut. Il convient d'informer l'Institut d'origine du passage définitif et de l'incorporation du membre dans le nouvel Institut.

Si le passage est demandé par un clerc incardiné dans l'Institut ou dans la Société d'origine, à la fin de la période probatoire, par l'incorporation se réalise aussi l'incardination *ipso iure* dans le nouvel Institut de vie consacrée ou la Société de vie apostolique, si ceux-ci en ont la faculté.

L'exclaustration

70. L'exclaustration est l'absence de la vie commune d'un profès de vœux perpétuels qui, tout en restant membre de l'Institut, est autorisé par le Supérieur légitime à résider hors de la communauté.

L'exclaustration ne peut être accordée que pour des motifs graves :

- pour une période n'excédant pas trois ans, même si elle n'est pas continue, le Modérateur suprême est compétent avec le consentement de son Conseil (can. 686 § 1) ;
- au-delà de la période de trois ans, pour les Instituts de vie consacrée et les Sociétés de vie apostolique de droit ponti-

fical, elle est réservée à la Congrégation pour les Instituts de vie consacrée et les Sociétés de vie apostolique (can. 686 § 1), tandis que, pour les Instituts de vie consacrée et les Sociétés de vie apostolique de droit diocésain, elle est réservée à l'Évêque de la maison d'appartenance ;

– elle peut être imposée à la demande du Modérateur suprême, avec le consentement de son Conseil, par la Congrégation pour les Instituts de vie consacrée et les Sociétés de vie apostolique pour un membre d'un Institut de droit pontifical ou par l'Evêque de la maison d'appartenance pour un membre d'un Institut de droit diocésain (can. 686 § 3).

L'indult d'exclaustration peut être accordé aux moniales selon la procédure prévue dans l'Instruction *Cor orans*, par dérogation au can. 686 § 2 :

– par la Supérieure majeure, avec le consentement de son Conseil, pour une durée maximale d'un an (*Cor orans*, 177) ;
– par la Présidente fédérale, avec le consentement de son Conseil, à la moniale professe de vœux solennels d'un monastère de la Fédération pour une période ne

dépassant pas deux ans (*Cor orans*, 130-131 ; 178-179).

Toute prorogation ultérieure de l'indult d'exclaustration est réservée exclusivement à la Congrégation pour les Instituts de vie consacrée et les Sociétés de vie apostolique (*Cor orans*, 180 ; 131).

L'exclaustration demandée par le religieux (can. 686 § 1)

71. Une exclaustration peut être demandée par un religieux de vœux perpétuels pour une raison grave de sa propre initiative, par une demande écrite, et peut être accordée pour une période ne dépassant pas trois ans.

La prorogation de l'indult d'exclaustration pour une période de plus de trois ans revient à la Congrégation pour les Instituts de vie consacrée et les Sociétés de vie apostolique pour les membres des Instituts de droit pontifical ou à l'Evêque de la maison d'assignation pour les membres d'Instituts et de Sociétés de droit diocésain.

Il appartient au droit propre et à la praxis de l'Institut de déterminer si le triennat peut se comprendre comme continu ou non. Le Dicastère accorde au Modérateur suprême la possibilité de concéder l'indult pour un nouveau triennat quand sont passées au moins trois ans depuis l'échéance précédente.

Si le membre est un clerc, il faut avoir le consentement préalable de l'Ordinaire du lieu où il devra demeurer.

Devoirs et droits découlant de l'exclaustration

72. En obtenant l'exclaustration, le religieux ne perd pas tous les devoirs et droits que comporte l'appartenance à l'Institut de vie consacrée ou à la Société de vie apostolique.

La condition juridique du membre exclaustré est définie par le can. 687 :

– il reste membre de l'Institut ou de la Société, soumis aux Supérieurs légitimes, et, s'il est clerc, il dépend également de l'Ordinaire du lieu ;
– il n'a plus de voix active et passive ;
– il est tenu d'observer le droit propre de l'Institut dans tout ce qui n'est pas incompatible avec sa nouvelle condition.

A l'égard des membres exclaustrés, les Supérieurs doivent se sentir responsables d'assurer un accompagnement attentif et, le cas échéant, une aide financière adéquate. Le membre exclaustré doit s'engager, dans la mesure du possible, à subvenir à ses propres besoins. Si le droit applicable ne prévoit pas d'indications spécifiques, le Modérateur doit définir par écrit les dispositions appropriées.

Le Supérieur compétent doit informer l'Evêque lorsqu'un membre laïc exclaustré vit dans son diocèse.

Le Supérieur majeur, tout en restant responsable du membre exclaustré, peut lui donner des dispositions, à condition qu'elles ne soient pas incompatibles avec sa condition ; il peut agir disciplinairement et pénalement contre lui, comme l'Evêque diocésain, en considération de leurs compétences respectives, et il peut le renvoyer de l'Institut selon le can. 700. Il est souhaitable que le Supérieur majeur et l'Evêque diocésain prennent soin des membres exclaustrés et soient en contact régulier avec eux.

L'exclaustration imposée (can. 686 § 3)

73. A la demande du Modérateur suprême, avec le consentement de son Conseil, l'exclaustration peut être imposée par le Saint-Siège pour les membres des Instituts de vie consacrée et des Sociétés de vie apostolique de droit pontifical ou par l'Évêque diocésain pour ceux de droit diocésain. Pour faire une demande, le Supérieur et le Conseil doivent évaluer s'il y a des causes graves et se tenir aux exigences d'équité et de charité.

Il s'agit d'une mesure disciplinaire adoptée dans des cas exceptionnels pour protéger le bien de la communauté ou du membre lui-même, lorsque des difficultés particulières entravent la vie fraternelle, empêchent l'exercice du ministère commun de l'Institut ou créent des difficultés permanentes dans l'action apostolique.

Elle est prévue pour des périodes déterminées – 3 ou 5 ans – qui peuvent être prolongées au moment de l'échéance. Dans les cas les plus graves, l'exclaustration est *ad nutum Sanctae Sedis*, pour les membres d'un Institut de vie consacrée ou d'une Société de vie apostolique de droit pontifical ; *ad nutum Episcopi* pour les membres d'un Institut de vie consacrée ou d'une Société de vie apostolique de droit diocésain. Les conditions, les clauses éventuelles et la durée sont établies dans le décret par lequel l'exclaustration est disposée par la Congrégation pour les Instituts de vie consacrée et les Sociétés de vie apostolique pour les membres des Instituts ou Sociétés de vie apostolique de droit pontifical, ou par l'Évêque diocésain pour ceux de droit diocésain.

Le membre doit être informé de l'intention du Modérateur suprême de demander l'exclaustration imposée, des motifs et des preuves à sa charge, dans le respect du droit à la défense (can. 50).

Les effets juridiques de l'exclaustration imposée sont similaires à ceux de l'exclaustration simple (voir n. 72 ci-dessus).

Dans la *praxis*, pour les clercs, le cas échéant, est requise une déclaration d'acceptation dans le Diocèse – normalement par écrit – par un Evêque. En tout cas, il convient que le Supérieur majeur compétent prenne soin d'en informer, par écrit, l'Evêque du diocèse où le membre exclaustré sera domicilié. Le Supérieur majeur et l'Evêque du lieu ont le devoir de vigilance sur la situation personnelle et pastorale de la personne exclaustrée.

L'indult de sortie

74. Les canons 688-693 énumèrent plusieurs cas qui prévoient la possibilité de quitter définitivement l'Institut :

– la sortie de l'Institut du membre de vœux temporaires de sa propre volonté lorsque les vœux expirent (can. 688 § 1) ou pendant la profession temporaire (can. 688 § 2) ;

- la sortie du membre de vœux temporaires par la volonté de l'Institut (can. 689) ;
- la sortie du membre pendant la profession perpétuelle (can. 691) ;
- la sortie du membre clerc (can. 693).

La sortie de l'Institut entraîne toujours la perte de la qualité de membre et donc des devoirs et des droits relatifs.

L'indult de sortie d'un membre de vœux temporaires (can. 688 §§ 1-2)

75. A la fin de la période de leurs vœux, les profès de vœux temporaires sont libres de quitter l'Institut de vie consacrée ou la Société de vie apostolique (can. 688 §1).

Celui qui, en cours de profession temporaire, demande, pour une raison grave, de quitter l'Institut, peut, dans un Institut de droit pontifical, demander un indult de sortie au Modérateur suprême qui le concède avec le consentement de son Conseil. Dans les instituts de droit diocésain et les monastères dont il s'agit au can. 615, l'indult de sortie, pour être valable, doit être confirmé par l'Évêque de la maison d'assignation.

L'indult de sortie d'un membre de vœux temporaires par volonté de l'Institut (can. 689)

76. Un membre temporairement incorporé à l'Institut ou à la Société peut, s'il y a une juste cause, être écarté par le Supérieur majeur, après avoir entendu son Conseil, du renouvellement des vœux à leur expiration ou de la profession perpétuelle (can. 689 § 1).

Le Code prévoit que la cause de l'exclusion du renouvellement des vœux peut être aussi une infirmité physique ou mentale contractée après la profession, rendant le membre inapte à la vie de l'Institut (can. 689 § 2). Comme garantie du droit du membre, le jugement sur l'inaptitude du candidat pour cause de maladie est rendu par des experts ; le jugement sur l'aptitude à mener une vie dans l'Institut est rendu par les Supérieurs.

Dans les cas où la maladie a été causée par la négligence des Supérieurs, parce qu'ils n'ont pas garanti l'assistance et les soins nécessaires, ou lorsque la maladie a été contractée à cause du travail effectué par le membre dans l'Institut ou la Société, ce dernier doit être admis au renouvellement de la profession temporaire ou à la profession perpétuelle.

Le § 3 du canon prévoit que le membre qui perd la raison après la profession temporaire a le droit de rester dans l'Institut, même s'il n'est pas capable de faire une nouvelle profession. L'Institut doit en assumer la responsabilité.

La réadmission d'un membre légitimement sorti de l'Institut (can. 690)

77. Le canon 690 autorise le Modérateur suprême, avec le consentement de son Conseil, à réadmettre dans le même Institut de vie consacrée, sans obligation de répéter le noviciat, ceux qui, après avoir fait profession temporaire ou perpétuelle, ont quitté légitimement l'Institut. La norme ne s'applique pas aux religieux renvoyés, puisque le renvoi n'est pas considéré comme un moyen légitime de sortie de l'Institut.

La réadmission sans répéter le noviciat suppose que la profession temporaire bénéficie d'une période de probation adéquate, dont la durée et les modalités doivent être décidées par le Modérateur suprême.

L'indult de sortie d'un membre profès de vœux perpétuels (cann. 691-692)

78. Un membre de l'Institut ou de la Société qui est définitivement incorporé à l'Institut ou à la Société peut demander un indult de sortie. Cela doit être motivé par des causes très graves (*causas gravissimas*) *considérées devant Dieu.* Une décision aussi radicale exige une réflexion approfondie :

- de la part du membre – qui s'est engagé à vivre sa vocation avec fidélité et persévérance – avec l'aide et le conseil de personnes prudentes et expérimentées ;
- de la part des Supérieurs majeurs qui doivent instruire la procédure pour l'obtention de l'indult de sortie ;
- de la part de l'autorité compétente pour accorder l'indult.

Pour accorder un indult de sortie, sont compétents : le Saint-Siège pour les Instituts de vie consacrée, les Sociétés de vie apostolique de droit pontifical et les monastères ; l'Evêque diocésain de la maison d'assignation pour les Instituts de vie consacrée et les Sociétés de vie apostolique de droit diocésain (can. 691 § 2).

Le membre présente la demande d'indult de sortie au Modérateur suprême, qui la transmet à l'autorité compétente avec son avis et celui de son Conseil (can. 691). Les Supérieurs majeurs d'une province ou d'une partie de l'Institut équivalente (cf. can. 620), surtout dans les Instituts ayant une organisation internationale, expriment au Modérateur suprême leur avis motivé sur l'obtention de l'indult de sortie. En effet, une connaissance plus immédiate de la personne peut contribuer efficacement à faire connaître les circonstances et les difficultés réelles qui ont conduit le membre à demander un indult.

Le Supérieur compétent évalue d'abord le fondement et le sérieux des raisons données par le membre, pour son bien, celui de l'Institut et de l'Église. Le Modérateur suprême, avec son Conseil, est appelé à donner son avis sur la demande, qu'il doit transmettre à l'autorité compétente, même si cet avis est contraire à la demande.

L'indult de sortie doit être notifié par les Supérieurs ou directement par le Dicastère au membre qui l'a demandé. La notification implique que l'obtention de l'indult soit portée à la connaissance de l'intéressé, rédigée par écrit ou communiquée oralement devant témoins, afin qu'elle puisse être prouvée. Au moment de la notification, le membre a le droit de refuser l'indult (can. 692), auquel cas il est sans effet.

Légitimement notifié, l'indult de sortie de l'Institut, en vertu du droit, entraîne la cessation de tous les effets de la profession : vœux, obligations et droits dans l'Institut.

L'indult de sortie d'un membre clerc (can. 693)

79. Le can. 693 établit que l'indult de sortie d'un clerc *n'est accordé que lorsqu'il a trouvé un évêque pour l'incardiner dans le diocèse ou au moins le recevoir à l'essai.*

Pour éviter qu'il y ait des clercs gyrovagues ou acéphales, le membre clerc doit trouver un Evêque disposé à l'incardiner d'une manière pure et simple (*pure et simpliciter*) ou qui l'accepte à titre d'essai (*ad experimentum*).

L'incardination pure et sempliciter se fait lorsque l'Evêque est disposé à incardiner le clerc dans son Diocèse. Dans ce cas, le clerc qui veut quitter l'Institut présente la demande au Modérateur suprême, qui la transmet à l'autorité compétente, en l'accompagnant de son avis et de celui de son Conseil, et de la déclaration écrite de l'Evêque diocésain qui veut incardiner le clerc. Si l'autorité compétente, conformément au can. 691, accorde l'indult, le clerc est de plein droit incardiné dans le Diocèse. L'incardination prend effet lorsque l'Evêque a reçu, au moins en copie, l'indult de sortie et qu'il a émis le décret d'incardination.

L'incardination *ad experimentum* se fait lorsque l'Evêque est prêt à recevoir à l'essai le clerc dans son Diocèse. Dans ce cas, l'autorité compétente, selon le can. 691, après avoir reçu la documentation nécessaire, accorde un indult d'exclaustration au clerc, le soumettant à la dépendance de l'Evêque pour la période probatoire. Celle-ci peut durer au maximum cinq ans : une fois la période d'essai terminée, le clerc peut être renvoyé par l'Evêque à l'Institut auquel il appartient, ou bien demeurer incardiné *ipso iure* dans le diocèse. L'indult d'exclaustration vise à évaluer l'opportunité d'une éventuelle incardination. La période d'essai peut être interrompue, même unilatéralement, par l'Evêque ou par le clerc, à tout moment. Dans ce cas, le clerc retourne à l'Institut auquel il appartient.

L'accueil dans le Diocèse pour l'incardination ou la période probatoire prend effet avec le décret émis par l'Evêque lorsqu'il reçoit une copie de l'indult, notifié au membre. Récemment, a été introduite la pratique consistant à insérer dans le texte de l'indult la clause demandant à l'Evêque de transmettre au Dicastère une copie du décret d'incardination ou d'acceptation à l'essai. Tant que le décret d'incardination n'a pas été publié, le membre clerc continue d'être juridiquement membre de l'Institut, sauf s'il existe des dispositions différentes du droit propre concernant les devoirs et les droits que comporte une telle appartenance.

Si l'Evêque, après avoir reçu l'indult de sortie, n'émet pas le décret d'incardination, le clerc reste membre de l'Institut et l'indult de sortie est sans effet. Si l'Evêque émet le décret d'incardination avant la notification de l'indult de sortie, l'acte est invalide. Dans ce cas, il sera nécessaire que l'Evêque émette un nouveau décret, après la concession de l'indult par l'autorité compétente.

Le Dicastère a également adopté la pratique de définir dans le texte de l'indult de sortie accordé aux membres clercs un temps limite dans lequel l'Evêque devra émettre le décret d'incardination.

Si l'Evêque révoque la déclaration d'incardiner ou d'accueillir le clerc, et que celui-ci désire de toutes façons quitter l'Institut, il est nécessaire d'instruire à nouveau la procédure afin d'obtenir un nouvel indult. En effet, l'indult est accordé pour l'incardination ou l'accueil *ad experimentum* dans un Diocèse donné.

Une attention particulière doit être accordée à la concession d'un indult de sortie dans le cadre d'une procédure disciplinaire et en attendant une procédure de renvoi ou de recours.

Le renvoi de l'Institut

80. Le renvoi consiste en la séparation définitive d'un membre de l'Institut de vie consacrée ou de la Société de vie apostolique ; il est imposé par l'Institut ou par la Société contre la volonté du membre ; il suppose des violations graves de l'état de vie consacrée et exige une procédure rigoureuse.

Le Code présente quatre cas différents :

- le renvoi *ipso facto,* qui résulte du fait même d'avoir commis un délit (can. 694) ;
- le renvoi *obligatoire* par décret (can. 695) ;
- le renvoi *discrétionnaire* remis au jugement de l'Institut (can. 696) ;

– le renvoi à la suite d'une expulsion *immédiate* en cas d'urgence particulière (can. 703).

Le renvoi *ipso facto* (can. 694)

81. Le renvoi *ipso facto* (can. 694) se produit du seul fait d'avoir commis une violation déterminée du droit canonique. Dans ce cas, le personne n'est plus membre de l'Institut ou de la Société ; l'intervention du Supérieur compétent se limite à la simple déclaration du fait.

Il existe trois cas de renvoi *ipso facto* :

– l'abandon notoire de la foi catholique ;
– le mariage contracté ou attenté, même si ce n'est que civilement ;
– l'absence illégitime de la maison religieuse pendant une période de douze mois consécutifs, et dans l'impossibilité de savoir où il se trouve.[84]

[84] Cf. FRANÇOIS, Lettre Ap. en forme de motu proprio *Communis vita* par lequel sont modifiées quelques normes du Code de droit canonique (19 mars 2019) ; CONGRÉGATION POUR LES INSTITUTS DE VIE CONSACRÉE ET LES SOCIÉTÉS DE VIE APOSTOLIQUE, Lettre circulaire sur le m.p. du Pape François *Communis vita* (8 septembre 2019).

L'abandon notoire de la foi catholique (can. 694 § 1, 1°)

82. Le membre qui abandonne notoirement la foi catholique se prive de la première condition d'admission à la vie consacrée. En effet, sans la foi catholique, le candidat n'aurait pu être admis dans un Institut ou une Société.

L'abandon de la foi catholique a lieu chez ceux qui refusent de consentir aux vérités de la foi divine et catholique, selon le can. 750. Par conséquent, la foi catholique, au sens déterminé par le can. 751, est abandonnée par l'hérétique qui nie pertinemment une vérité de foi divino-catholique, ou qui en doute obstinément ; l'apostat qui rejette toute foi chrétienne reçue par le baptême ; le schismatique qui refuse formellement la soumission au Pontife romain ou la communion avec la hiérarchie de l'Eglise.

L'abandon de la foi catholique est considéré comme notoire lorsque le fait est divulgué de telle manière qu'il devient connu du public, à cause du moyen utilisé (presse, internet, déclaration publique), ou à cause de la publicité du fait.

L'abandon de l'Église catholique peut aussi se présenter comme un véritable *actus formalis defectionis ab Ecclesia* qui prend la forme : a) d'une décision interne de quitter l'Église catholique ; b) de la mise en œuvre et de la manifestation externe de cette décision ; c) de sa réception par l'autorité ecclésiale compétente.[85]

Le mariage contracté ou attenté, même seulement civil (can. 694 § 1, 2°)

83. Le deuxième cas de renvoi *ipso facto* est le cas du mariage contracté ou attenté. En effet, le membre a fait le vœu de chasteté qui implique l'engagement de vivre dans le célibat et donc l'interdiction de se marier.

Le membre qui contracte mariage est renvoyé de l'Institut, même s'il n'y a pas d'empêchement canonique comme dans le cas des profès de vœux temporaires. Le mariage, en vertu de l'empêchement prévu aux can. 1087-1088, est attenté, c'est-à-dire nul, pour les clercs et les religieux qui sont liés par le vœu public perpétuel de chasteté fait dans un institut religieux.

[85] CONSEIL PONTIFICAL POUR LES TEXTES LÉGISLATIFS, *Actus formalis defectionis ab Ecclesia catholica*, 13 mars 2006, «Communicationes», 38 (2006), 170-172.

L'absence illégitime de la maison religieuse pendant plus d'un an (can. 694 § 1, 3°)[86]

84. Le motu proprio du Pape François *Communis vita* a inséré un troisième motif de renvoi *ipso facto* de l'Institut religieux au § 1 du c. 694 : l'absence illégitime de la maison religieuse prolongée, selon le can. 665 § 2, pendant douze mois sans interruption, unie au fait de l'impossibilité de savoir où se trouve le religieux.

Cette modification donne la possibilité de trouver une solution aux cas d'absence illégitime de la maison religieuse d'un membre, en particulier pour ceux qui parfois ne peuvent être retrouvés ou qui se sont rendus introuvables.

La personne est considérée comme joignable quand on connait son adresse de résidence ou du moins de domicile. La personne n'est pas considérée comme joignable quand on connait seulement : le numéro de téléphone,

[86] Cf. François, Lettre ap. en forme de motu proprio *Communis vita* par laquelle sont modifiées quelques normes du Code de droit canonique (19 mars 2019) ; Congrégation pour les Instituts de vie consacrée et les Sociétés de vie apostolique, Lettre circulaire sur le m.p. du Pape François *Communis vita* (8 septembre 2019).

l'adresse e-mail, le profil sur les réseaux sociaux, l'adresse fictive.[87]

La procédure pour déclarer le renvoi ipso facto

85. Le membre responsable des actes visés au § 1 du can. 694 est *ipso facto* renvoyé. Pour que le renvoi soit juridiquement confirmé, le Supérieur majeur, avec son Conseil, doit :

– recueillir avec sollicitude les preuves des événements qui se sont produits et entendre l'intéressé ;
– émettre la déclaration du renvoi advenu, ayant atteint la certitude morale du fait.

En cas de renvoi *ipso facto*, la sentence *latae sententiae* de la suspense des membres clercs et de l'interdiction des membres non clercs doit être produite en même temps que la déclaration de renvoi. De plus, l'irrégularité dans l'exercice de l'Ordre sacré pour les membres clercs doit être déclarée (can. 1044 § 1, 3° et can. 1041, 3°), ainsi que l'irrégularité dans la

[87] Congrégation pour les Instituts de vie consacrée et les Sociétés de vie apostolique, Lettre circulaire sur le m.p. du Pope Français *Communis vita* (8 semptember 2019), 2.

réception de l'Ordre sacré pour les membres non clercs (can. 1041, 3°).

Si un membre renvoyé *ipso facto* a été reçu et incardiné dans un diocèse, il faut remettre la suspense et obtenir de la Congrégation pour le Clergé la dispense de l'irrégularité.

Un membre non clerc sous le coup de l'interdiction *latae sententiae* en raison d'un mariage attenté, même seulement civil, doit d'abord demander et obtenir la levée de l'interdiction s'il veut célébrer le mariage religieux, sinon le mariage, même s'il est valide, est illicite.

Une copie de l'indult de renvoi doit être envoyée, par correction, au membre concerné.

La procédure pour déclarer l'absence illégitime de la maison religieuse depuis plus d'un an

86. Dans le m.p. *Communis vita*, le Saint-Père a précisé, en ajoutant le § 3 au can. 694, la procédure à suivre dans les cas où s'applique la nouvelle situation de renvoi en raison de l'absence illégitime de la maison religieuse depuis plus d'un an.

Le Supérieur majeur a le devoir de rechercher le membre absent illégitimement et injoignable, exprimant ainsi sa sollicitude pour le religieux ou la religieuse afin qu'il revienne et persévère dans sa vocation (cf. can. 665 § 2).

Si les résultats de la recherche sont négatifs, même s'ils se répètent dans le temps, ou s'il est nécessaire de prendre acte que le membre se soustrait délibérément au pouvoir des Supérieurs, il faut « donner une certitude juridique à la situation du fait ».

A cette fin, le Supérieur compétent :

- est tenu de produire une preuve sûre, par le biais d'une documentation vérifiable, de la recherche effectuée, des tentatives de contact ou de communication ;
- face au résultat négatif de la recherche, il procède à la déclaration de l'impossibilité de trouver le membre.

Le Supérieur compétent évalue le cas avec son Conseil et émet une déclaration du fait que le membre est introuvable.

Cette déclaration est rendue nécessaire afin de pouvoir calculer le temps avec certitude :

- du jour *a quo*, à partir duquel on prend acte de l'impossibilité de trouver le membre (cf. can. 203 § 1), qui ne peut rester incertain car cela rendrait indéterminée la période de douze mois continus ;
- du début des douze mois continus, afin d'en fixer la date du terme.

Après douze mois ininterrompus, durant lesquels aucun changement n'intervient, d'aucune façon, dans la situation d'impossibilité de trouver le membre absent illégitimement, le Supérieur compétent doit procéder à la *déclaration du fait* pour que soit constitué juridiquement le renvoi selon le can. 694. Cette déclaration doit être confirmée par le Saint-Siège si l'Institut auquel appartient le membre est de droit pontifical, ou par l'Evêque du siège principal si l'Institut est de droit diocésain.

Le nouveau dispositif (can. 694 § 1, 3°) ne s'applique pas aux situations antérieures au 10 avril 2019. En d'autres termes, il ne peut être rétroactif, sinon le législateur aurait dû le déclarer expressément (cf. can. 9).

Le Motu Proprio *Communis vita* a conduit à la modification du can. 729, qui règle la vie des Instituts séculiers, parce que le renvoi pour absence illégitime ne s'applique pas aux membres de ces Instituts.

Le renvoi obligatoire (can. 695 § 1)

87. Le renvoi obligatoire a lieu lorsqu'ont été commis les délits prévus au can. 695, qui renvoie aux canons 1397, 1398, 1395 :

- l'homicide, l'enlèvement, la séquestration de personnes, la mutilation et la grave blessure (can. 1397) ;
- l'avortement, si l'effet s'en suit (can. 1398) ;
- le concubinage et la permanence scandaleuse dans une autre faute extérieure contre le sixième commandement (can. 1395).

Les cas mentionnés au can. 1395 ne sont des délits que s'ils sont commis par des clercs, religieux ou diocésains.

Le délit d'homicide, d'enlèvement et de séquestre de personne, de mutilation et de grave blessure (can. 1397)

88. Le can. 1397 recense certains délits, commis délibérément, contre la vie et la liberté de la personne. Pour de tels délits, les peines expiatoires prévues au can. 1336 sont appliquées proportionnellement à la gravité de la faute.

Si l'homicide est commis contre la personne du Pontife romain ou contre un évêque consacré ou contre un clerc ou religieux, la peine est établie au can. 1370 :

- pour l'homicide du Souverain Pontife : l'excommunication *latae sententiae*, avec l'ajout d'autres peines, n'excluant pas le renvoi de l'état clérical, si l'auteur du crime est un clerc ;

- pour l'homicide d'un évêque consacré : l'interdiction *latae sententiae* et, si l'auteur est un clerc, la suspense *latae sententiae* ;
- pour l'homicide d'un ecclésiastique ou d'un religieux : une peine proportionnée, *ferendae sententiae.*

Le délit d'avortement (can. 1398)

89. L'avortement est un délit pour tout fidèle, clerc, religieux ou non religieux, consacré ou non consacré. Le can. 1398 considère l'interruption volontaire de grossesse comme un délit, soit par l'expulsion du fœtus, soit par le meurtre du fœtus de quelque manière et à quelque moment que ce soit à partir de la conception.[88]

A l'avortement est liée à l'excommunication *latae sententiae*, à laquelle participent aussi bien la femme qui le subit volontairement que tous

[88] PONTIFICIA COMMISSIO CODICIS IURIS CANONICI AUTHENTICE INTEPRETANDO, Responsio *Utrum abortus,* de abortu (can. 1398) 23 mai 1988, dans *AAS* 81 (1989) 388.

ceux qui, physiquement ou moralement, y ont collaboré directement et efficacement.[89]

Le concubinage ou autre faute extérieure contre le sixième commandement du Décalogue (can. 1395 § 1)

90. Le § 1 du can. 1395 considère le cas d'un clerc en état de concubinage ou en situation persistante de scandale dans une autre faute extérieure contre le sixième commandement du Décalogue.

Par concubinage, on entend : une relation *more uxorio*, caractérisée par une certaine stabilité, même sans vivre ensemble sous le même toit.

Un autre péché contre le sixième commandement, différent du concubinage, concerne l'hypothèse d'un clerc qui reste scandaleusement dans une situation de faute extérieure.

La peine prévue pour ces délits est la suspense *ferendae sententiae* ; s'y ajoutent d'autres

[89] *Catéchisme de l'Eglise Catholique*, n° 2270-2273 ; des clarifications de la CONGREGATION POUR LA DOCTRINE DE LA FOI, Clarifications "Recentemente sono pervenute", sur l'avortement provoqué (11 juillet 2009), dans *L'Osservatore Romano*, année CXLIX n° 157 (11 juillet 2009), p. 7.

peines, sans exclure le renvoi de l'état clérical, si le clerc, une fois averti, persiste dans le délit.

Un clerc qui vit en état de concubinage ou qui persiste avec scandale dans une autre faute extérieure contre le sixième commandement du Décalogue ne peut célébrer licitement l'Eucharistie (can. 900 § 2), ni avoir accès à la sainte communion (can. 915).

Autres délits contra sextum (can. 1395 § 2)

91. Le § 2 du c. 1395 examine les autres délits contre le sixième commandement commis :

- avec violence, c'est-à-dire lorsque la liberté de la personne lui est enlevée ;
- ou menaces, quand seule la peur est suscitée ;
- publiquement ;
- ou concernant un mineur de moins de 16 ans, s'il s'agit d'un religieux non clerc ;
- ou concernant un mineur de moins de 18 ans s'il s'agit d'un religieux clerc.[90]

Pour de tels délits, le Code établit l'obligation pour le Supérieur d'examiner le cas, de

[90] JEAN-PAUL II, Lettre Ap. en forme de m.p. *Sacramentorum sanctitatis tutela*, Rome (30 avril 2001).

l'évaluer et de prendre une décision discrétionnaire quant à la nécessité de procéder au renvoi.

Dans les cas d'abus d'un mineur de moins de 18 ans, à qui est assimilé celui qui a habituellement un usage imparfait de la raison,[91] si le religieux accusé est clerc, la compétence exclusive appartient au Tribunal suprême de la Congrégation pour la Doctrine de la Foi, sur la base du m.p. *Sacramentorum Sanctitatis tutela*.[92] Comme tous les autres délits visés ici, la prescription est de vingt ans et, pour le seul cas d'abus sur un mineur de moins de 18 ans, elle commence à partir du moment où il atteint l'âge de 18 ans.

S'agissant d'un membre non clerc, la compétence revient à la Congrégation pour les Instituts de vie consacrée et les Sociétés de vie apostolique.

Dans les cas prévus par le § 2 du can. 1395, le Supérieur doit procéder au renvoi, à moins qu'il ne juge opportun de pourvoir autrement à l'amendement du membre, ainsi qu'au rétablis-

[91] Congrégation pour la Doctrine de la Foi, *Normae de delictis Congregationis pro Doctrina Fidei reservatis seu normae de delictis contra fidem necnon de gravioribus delictis* (21 mai 2010), *AAS* 102 (2010) 419-434, art. 6 § 1, 1.

[92] Jean-Paul II, Lettre Ap. en forme de m.p. *Sacramentorum Sanctitatis tutela*, Rome (30 avril 2001).

sement de la justice et à la réparation du scandale (can. 695 § l). Dans les cas mentionnés ci-dessus, il est du devoir du Supérieur majeur d'engager le processus de renvoi, en respectant la procédure prévue par la loi (can. 695 § 2).

La procédure pour le renvoi obligatoire (can. 695 § 2)

92. La compétence pour procéder aux cas de renvoi obligatoire revient au Supérieur majeur (can. 620), assisté d'un notaire. L'action disciplinaire n'est pas soumise à des délais de prescription, comme l'est l'action pénale (can. 1362). Par conséquent, même si le délit est prescrit, l'action disciplinaire, prévue par le can. 695 § 1, doit toujours être instruite.

Après avoir reçu une plainte ou la nouvelle d'actes susceptibles d'être délictueux, le Supérieur compétent :

- recueille les preuves concernant les faits et l'imputabilité ;
- s'il parvient à la certitude morale quant à la véracité des faits et à leur imputabilité, par dol ou par faute, notifie au membre à renvoyer l'accusation et les preuves, en lui donnant la possibilité de se défendre ;

– transmet tous les actes au Modérateur suprême.

Le Supérieur majeur peut adopter la procédure prévue pour l'enquête préalable aux canons 1717-1719.

Le Modérateur suprême, avec son Conseil, évalue ultérieurement les accusations, les preuves, la défense et, par vote collégial, décide s'il y a lieu de renvoyer le religieux. Le Conseil doit être au complet ou composé d'au moins quatre membres ; le vote est toujours collégial, qu'il soit décidé en faveur ou contre le renvoi, et il doit donc compter au moins cinq votes. L'unanimité n'est pas requise pour décider du renvoi : une majorité absolue est suffisante ; et le vote doit être secret (can. 699 § 1).

Si, par contre, le Supérieur majeur constate que les accusations ne sont pas fondées, il doit classer l'affaire.

Le renvoi facultatif (can. 696 § 1)

93. Le can. 696 laisse au jugement du Supérieur majeur le renvoi d'un membre pour des raisons différentes de celles prévues pour le renvoi *ipso facto* et pour le renvoi d'office. Compte tenu de la gravité de la mesure de renvoi, le Code demande que les causes soient graves, extérieures, imputables et juridiquement prouvées. Le can. 696 § 1 prévoit certains comportements répréhensibles qui, bien que ne constituant pas des infractions pénales, sont en tout cas significativement contraires à la discipline de la vie consacrée. Le Code présente une liste non exhaustive de ces causes :

- la négligence habituelle des obligations de la vie consacrée ;
- les violations répétées des liens sacrés ;
- la désobéissance obstinée aux dispositions légitimes des Supérieurs en matière grave ;
- un grave scandale découlant du comportement coupable du membre ;
- le soutien obstiné ou la diffusion de doctrines condamnées par le Magistère de l'Église ;
- l'adhésion publique à des idéologies infectées de matérialisme ou d'athéisme ;
- l'absence illégitime de la maison religieuse, depuis plus de six mois, avec l'intention de se soustraire à l'autorité des Supérieurs (can. 662 § 2) ;
- le droit propre d'un Institut peut prévoir d'autres motifs.

Un membre de vœux temporaires peut être renvoyé pour des motifs graves – même moins graves que ceux énoncés au can. 696 § 1 –, extérieurs, imputables et juridiquement prouvés, établis par le droit propre (can. 696 § 2).

Les cas les plus fréquemment rencontrés dans la pratique sont : la désobéissance obstinée et l'absence illégitime.

Comme motif de renvoi, la désobéissance est juridiquement prouvée si le membre agit à l'encontre d'une disposition en matière grave, donnée par le Supérieur en conformité avec la législation universelle et propre, ou du moins pas en opposition avec elle.

La procédure pour le renvoi facultatif (cann. 697-700)

94. Afin de protéger les droits des individus et les exigences de la justice, les canons 697-700 définissent en détail la procédure à suivre en cas de renvoi.

A la différence de la procédure de renvoi obligatoire (can. 695 § 2), dans les cas visés au can. 696 § 1, le Supérieur majeur compétent doit, avant de commencer le processus, écouter obligatoirement l'avis de son Conseil (can. 697).

Le Conseil, qui doit être validement et légitimement convoqué, se prononce, pas nécessairement à l'unanimité, sur l'opportunité d'engager le processus et sur la motivation de son instruction.

Lorsque le Supérieur majeur considère qu'un des cas mentionnés au can. 696 s'est produit, ce qui pourrait justifier le renvoi, il doit d'abord appeler le membre à remplir ses devoirs, sans exclure le recours à des sanctions canoniques. Si ces mesures s'avèrent inefficaces :

- le Supérieur majeur consulte son Conseil sur l'opportunité d'engager la procédure de renvoi, en établissant un «extrait du procès-verbal» approprié ;
- après avoir entendu le Conseil, s'il estime nécessaire de procéder au renvoi, il recueille et intègre toutes les preuves des faits imputables ;
- dans le cas où il souhaite obtenir le retour du membre illégitimement absent, il doit donner un ordre formel d'obéissance par écrit, à notifier par lettre recommandée avec accusé de réception, ou oralement devant deux témoins ; dans cet ordre, le Supérieur majeur indiquera clairement une échéance raisonnable

pour le retour dans une communauté déterminée. Même pour d'autres motifs, le Supérieur majeur doit formellement et explicitement informer le membre que, s'il ne change pas de comportement, il sera renvoyé ;

- il procède à une première monition canonique, notifiée par écrit ou devant deux témoins ou par édit s'il y a impossibilité de savoir où il se trouve ; la monition doit contenir explicitement la menace de renvoi en cas d'incorrigibilité et doit indiquer clairement ce que le membre doit faire ou ne pas faire pour l'éviter ; elle doit exprimer clairement et précisément le fait dont il est accusé, lui donnant pleine faculté de répondre pour sa défense dans les quinze jours au moins de la notification de la monition ;
- si la première monition est sans effet, après au moins quinze jours à compter de sa réception, il procède de la même manière à une deuxième monition ;
- après au moins quinze jours à compter de la date de notification de la deuxième monition, si elle reste également sans effet, il convoque son Conseil et – par

vote secret – juge si, ayant prouvé l'incorrigibilité et les moyens de défense du membre ayant été estimés insuffisants, la demande de renvoi doit être envoyée au Modérateur suprême ;

– il envoie au Modérateur suprême tous les documents signés par le notaire, ainsi que toutes les réponses données par le membre et signées par lui.

De toutes les notifications, il doit y avoir des preuves certaines.

Le membre peut toujours communiquer personnellement avec le Modérateur suprême et lui exposer directement les arguments de sa défense (can. 698).

Le Modérateur suprême, ayant reçu les actes du Supérieur majeur compétent, réunit son Conseil, qui pour la validité doit être composé d'au moins quatre membres, et procède collégialement :

– il évalue les preuves, les arguments, les monitions, la légitimité de la procédure, la défense de l'accusé, son incorrigibilité ;

– après avoir constaté l'existence de tous les éléments ci-dessus, le Conseil décide à vote secret s'il faut au non procéder au renvoi (can. 119). Comme il s'agit d'une décision collégiale, le Modérateur suprême peut dirimer une éventuelle parité par son second vote. Le secrétaire ou le notaire rédige un rapport exposant les motifs de la décision ;

- si la décision est favorable au renvoi, le Modérateur suprême émet le décret de renvoi qui, pour être valable, doit contenir au moins un résumé des motifs en droit et en fait (can. 699 § 1) ;
- il transmet le décret de renvoi à la Congrégation pour les Instituts de vie consacrée et les Sociétés de vie apostolique, ainsi que tous les actes.

S'il s'agit d'un monastère *sui iuris*, selon le can. 615, la Supérieure du monastère, après avoir accompli ses devoirs de Supérieure majeure, transmettra tout à l'Evêque diocésain.

Pour entrer en vigueur, le décret du Modérateur suprême (can. 700) doit être confirmé :

- par la Congrégation pour les Instituts de vie consacrée et les Sociétés de vie apostolique, s'il s'agit d'un membre d'un Institut de vie consacrée ou d'une Société de vie apostolique de droit pontifical ;
- par l'Evêque du diocèse où se trouve la maison à laquelle est inscrit le membre

renvoyé, s'il s'agit d'un Institut de vie consacrée ou d'une Société de vie apostolique de droit diocésain.

L'examen du décret et des actes qui l'accompagnent permet au Saint-Siège ou à l'Evêque de vérifier la procédure suivie et les causes adoptées.

Même pour les monastères *sui iuris* de droit pontifical, le renvoi décidé par l'Evêque, comme celui décidé par le Modérateur suprême dont dépend le monastère, requièrent la confirmation du Saint-Siège.

Les monitions canoniques

95. La rédaction des monitions canoniques doit être soignée, claire et brève ; son contenu doit être le même dans la première et la seconde. Les monitions doivent inclure au moins trois éléments :

– la motivation juridique, c'est-à-dire la citation des normes du Code en considération desquelles la procédure est menée ;
– un bref exposé des faits, c'est-à-dire ce que le membre a fait ou omis de faire ;
– le dispositif, clair et déterminé, de ce que le membre doit ou ne doit pas faire.

Le texte des monitions doit préciser que le membre a le droit de présenter sa défense au Supérieur majeur qui a entamé le processus, ou directement au Modérateur suprême, s'il le juge le plus opportun.

Les monitions doivent être notifiées et il est nécessaire d'avoir la preuve que le membre les a reçues. Les modalités de notification peuvent être différentes ; le choix appartient au Supérieur majeur, vu les circonstances.

Entre l'envoi d'une monition et l'envoi de la suivante, il doit s'écouler au moins 15 jours ou un délai différent fixé par la monition, au cours duquel ce qu'il contient doit être respecté. Ce délai peut être supérieur à 15 jours mais ne peut y être inférieur et commence le jour de la notification de la monition, c'est-à-dire le jour où elle est reçue par le membre, et non le jour où il est émis par le Supérieur majeur, ni le jour où il est envoyé, ou le moment différent prévu par la monition elle-même.

La notification du décret de renvoi

96. Le décret de renvoi confirmé par la Congrégation pour les Instituts de vie consacrée et les Sociétés de vie apostolique, ou par l'Évêque diocésain, doit être notifié à l'intéressé par le Supérieur compétent par lettre recommandée avec accusé de réception, ou personnellement, en présence de deux témoins. Pour être valide, le décret doit indiquer le droit du membre renvoyé de faire appel à l'autorité compétente dans les dix jours de sa notification.

Pour que le renvoi soit effectif, le Supérieur compétent doit communiquer le décret original et le rescrit de confirmation accordé par le Dicastère ou par l'Evêque, lui aussi en original ou au moins en copie authentique.

Dès réception de la notification, le membre qui n'a pas l'intention d'accepter la disposition :

- avant d'introduire un recours, doit demander par écrit à son auteur la révocation ou la correction du décret ; dans cette demande ainsi présentée, est comprise aussi la demande de surseoir à l'exécution (can. 1734 § 1) ;
- s'il est membre d'un Institut de vie consacrée ou d'une Société de vie apostolique de droit pontifical, il peut faire appel en première instance à la Congrégation pour les Instituts de vie consacrée et les Sociétés de vie apostolique, en deuxième instance au Tribunal suprême de

la Signature apostolique et en troisième instance à ce même Tribunal suprême ;

– s'il est membre d'un Institut de vie consacrée ou d'une Société de vie apostolique de droit diocésain, il peut faire appel en première instance à l'Evêque qui a confirmé le décret, en deuxième instance à la Congrégation pour les Instituts de vie consacrée et les Sociétés de vie apostolique et en troisième instance au Tribunal suprême de la Signature apostolique.

Il suffit que le membre renvoyé, dans les 10 jours de la notification du décret, exprime par écrit – même brièvement – à une autorité ecclésiastique sa volonté de faire appel. Qui reçoit le recours doit le transmettre à l'autorité compétente pour le traiter et fixer un délai dans lequel le demandeur doit présenter le recours complet, accompagné des motivations et des preuves.

Pendant la période de recours, les effets juridiques du renvoi sont suspendus.

Les effets du renvoi (can. 701)

97. Avec le renvoi légitime cessent, par le fait même, les vœux et obligations découlant de la profession.

Si le membre renvoyé est diacre ou prêtre, il conserve le statut clérical mais, en vertu de son renvoi, il ne peut exercer le ministère sacré tant qu'il n'a pas trouvé un Evêque pour le recevoir dans le diocèse afin de l'incardiner ou pour une période d'essai (can. 693), ou qui lui ait donné au moins la permission d'exercer le ministère (can. 701).

Aide au membre renvoyé ou dispensé (can. 702)

98. Le membre dispensé ou renvoyé ne peut réclamer quoi que ce soit à l'Institut de vie consacrée ou à la Société de vie apostolique dont il était membre (can. 702 § 1). L'œuvre effectuée pour l'Institut ou la Société et le fruit du travail versé à l'Institut ou à la Société pendant son séjour (cf. can. 668 § 3) ne donnent pas au membre qui a quitté volontairement ou a été renvoyé, le droit de recevoir une compensation. En effet, les membres se sont engagés à offrir leur travail comme une expression gratuite d'amour et de charité envers leurs frères, tant à l'intérieur de l'Institut ou de la Société, qu'à l'extérieur.

D'autre part, l'Institut de vie consacrée ou la Société de vie apostolique *doit observer l'équité et la charité évangélique* envers le membre qui en est séparé par sortie ou renvoi. L'équité est proportionnelle à la situation personnelle et aux circonstances ainsi qu'aux possibilités réelles de l'Institut. La charité est proportionnelle aux exigences d'insertion et d'accompagnement du membre, au moins pour la période qui suit immédiatement la sortie ou le renvoi, jusqu'à ce qu'il puisse subvenir à ses besoins par un autre moyen ; elle dépend aussi des possibilités de l'Institut.

Conclusion
« Demeurez dans mon amour » (*Jn* 15, 9)

99. Aujourd'hui, face au manque de persévérance de tant de frères et sœurs qui se sont généreusement engagés à la suite du Christ, nous pouvons devenir des juges sévères, en soulignant les défauts et les fragilités qui n'ont pas été traités d'une manière juste, pour des raisons personnelles, institutionnelles ou de responsabilité collective. Celui qui abandonne doit se poser des questions sérieuses sur les raisons de la perte de son choix vocationnel et celui qui reste, sur la cohérence de son *'demeurer'* et ses éventuelles implications dans les causes d'éloignement et de refroidissement de la persévérance de qui est parti. Nous sommes tous mutuellement responsables et *gardiens* (cf. *Gn* 4, 9) de nos frères et sœurs, surtout des plus faibles, parce que nous sommes « unis dans le Christ comme dans une même famille particulière » et les liens de fraternité doivent être cultivés avec loyauté afin de « devenir pour tous une aide réciproque pour que chacun réalise sa propre vocation ».[93]

[93] Can. 602.

100. *Demeurez dans mon amour* (*Jn* 15, 9) : c'est la demande que Jésus adresse à ses disciples lors de la dernière Cène. *Demeurez* : « là est la force de la vocation consacrée ».[94] Cet impératif est aussi une oblation, l'offrande de la « vérité fondamentale » qui permet de « rester en communion vitale avec le Christ ».[95] Elle est confiée aux disciples d'hier et d'aujourd'hui, en particulier aux personnes consacrées qui relèvent le défi de vivre dans des milieux fortement sécularisés, au risque de perdre la ferveur et la joie de leur donation au Christ et à l'Église.

Un testament d'amour

101. Le quatrième Evangile place l'invitation à rester dans l'amour à un moment particulier de la vie de Jésus : celui qui précède la Passion. Alors que Jésus avance vers l'*heure* pré-annoncée à Cana (cf. *Jn* 2, 4), vers l'accomplissement de sa mission et l'offrande de sa vie, l'évangéliste Jean s'attarde sur le récit du dernier repas de Jésus avec les siens pour en extraire les trésors qui il-

[94] François, *La force de la vocation. Entretien avec Fernando Prado*, EDB, 2018, 45.

[95] François, *Regina Caeli*, Cité du Vatican (3 mai 2015).

luminent son identité de Fils de Dieu, et celle de ses disciples. Assis à table, dans une atmosphère d'intimité et de partage, Jésus ouvre son cœur de Fils pour transmettre aux disciples – sous forme de *testament* – cet amour que non seulement il a et il donne, mais qu'il est.

Disciples destinés à porter du fruit

102. Dans le long discours d'Adieu qu'il adresse aux siens (*Jn* 13, 31 – 17, 26), Jésus manifeste sa volonté de leur communiquer l'amour du Père, un amour capable de faire fructifier toute chose et d'assurer une authentique capacité d'engendrement. Sa vie est tellement remplie de l'amour du Père qu'il ne désire rien d'autre que de le répandre dans celle des disciples. C'est pourquoi, en *Jn* 15, 1-17, il demande à ses disciples de s'enraciner dans son amour, de s'immerger dans l'atmosphère filiale de son existence et d'habiter dans l'échange incessant d'amour entre Lui et le Père.

103. Dans *Jn* 15, 9-17 l'allégorie des versets précédents est expliquée et le secret de la fécondité des disciples est offert : l'amour. Celui-ci devient la *demeure* de l'existence dans la mesure où il est reçu de la source qu'est le Christ. A la base de l'amour que Jésus nourrit pour ses disciples se trouve l'amour dont il est aimé de son Père : *comme le Père m'a aimé, moi aussi je vous ai aimés* (*Jn* 15, 9). Jésus déclare aux siens que la source de l'amour qu'il a pour eux est l'amour que le Père a pour lui.

Demeurer, c'est persévérer

104. L'expression *demeurer dans*, présente à plusieurs reprises dans l'Évangile de Jean,[96] permet donc de déchiffrer le symbolisme de la *vigne – vigneron – sarment – fruit*, dans la perspective de la persévérance. Le Christ nous enseigne qu'« habiter dans le courant de l'amour de Dieu, y demeurer de manière stable, c'est la condition pour que notre amour ne perde pas son ardeur et son audace en chemin ».[97]

Afin d'éviter le drame de l'abandon de la suite du Christ ou de la stérilité possible de la vocation, les disciples sont invités avec insistance à *demeurer*. Ce verbe, si cher au quatrième Évangile, fait référence au désir et à l'engagement constants de correspondre à l'amour d'alliance et d'adhérer à la manière d'être du Christ.

[96] Cf. *Jn* 8, 31 ; 14, 10 ; 15, 4 [x2].5.6.7.9.10.

[97] François, *Regina Caeli*, Cité du Vatican (6 mai 2015).

Ce qui nous permet de rester dans l'amour de Jésus, c'est l'observance de ses commandements (*Jn* 15, 10), l'écoute docile de sa Parole. Cette écoute change le cœur des disciples : d'un cœur de *serviteurs*, elle fait d'eux un cœur d'*amis* et les établit dans une relation authentique et durable avec Jésus (*Jn* 15, 13-15).

Pour que votre joie soit entière

105. La mission des baptisés consiste précisément à faire fructifier les dons divins en nous pour le bien de tous, à la manière de Jésus qui s'est donné pour ses amis et *pour la vie du monde* (*Jn* 6, 51). *Demeurer dans l'amour*, en fait, c'est aussi comprendre que « l'amour est service »,[98] c'est prendre soin les uns des autres. Seul l'amour du Père révélé en Jésus a le pouvoir d'arracher les disciples au risque de fuite et de déraillement, et de les destiner à la fécondité : *Je vous ai établis pour que vous alliez et que vous portiez du fruit et un fruit qui demeure* (*Jn* 15, 16).

La fidélité dans l'immanence réciproque entre la vigne et les sarments, c'est-à-dire entre

[98] François, *Homélie* à l'occasion de la visite pastorale à la paroisse romaine du St Sacrement à Tor de Schiavi, Rome (6 mai 2018).

le Maître et les disciples, est un don de confiance mutuelle : elle doit être mise en œuvre dans la persévérance prolongée dans le temps et les saisons de la vie. Nous avons tous *besoin de persévérance* (*He* 10, 36), qui est en même temps de *garder le regard fixé sur Jésus, qui est à l'origine de la foi et l'accomplit* (*He* 12, 2), mais aussi d'agir avec franchise et créativité pour traverser les moments d'obscurité et se soutenir mutuellement, afin de *rendre droits pour nos pas les sentiers tortueux* (*He* 12, 13).

Il n'est pas possible de contourner l'épreuve, mais il faut la traverser avec amour, en renforçant encore davantage l'union au Christ et faisant d'elle un apprentissage supplémentaire du don de soi pour ne plus vivre seulement pour soi-même (cf. *Rm* 14, 7) et pour rétablir une amitié stable avec le Christ et avec les autres, qui procure fécondité et *joie parfaite* (*Jn* 15, 11).

Marie, femme fidèle et persévérante

106. A Marie, notre Mère, la femme fidèle qui désire la fidélité de ses fils et de ses filles dans la réponse d'amour et de consécration totale au Christ, nous confions tous les consacrés et consacrées, pour qu'ils persévèrent dans la joie de la vocation reçue.

Marie, femme fidèle,
tu as accueilli avec docilité
l'Esprit de vérité qui procède du Père,
à travers ton Fils Jésus,
apprends-nous à garder le don de notre vocation
et à en redécouvrir chaque jour la vitalité.

Nous nous tournons vers toi,
pour contempler l'œuvre de Dieu
qui régénère notre capacité d'aimer
et soigne notre fidélité blessée.

Nous nous tournons vers toi,
persévérante dans la suite du Christ,
gardienne vigilante et amante de la Parole
(cf. *Lc* 2, 19 ; 2, 51b),
pour admirer en toi la plénitude de vie
de qui dans la fidélité porte beaucoup de fruit.

Nous nous tournons vers toi,
persévérante au pied de la croix
(cf. *Jn* 19, 25)
pour demeurer près des innombrables croix du monde,
où le Christ est encore crucifié,
dans les pauvres et les abandonnés,
pour leur apporter réconfort et partage.

Nous nous tournons vers toi,
persévérante dans la prière avec les Apôtres (cf. *Ac* 1, 12-14),
pour brûler de l'Amour qui ne s'éteint jamais,
pour marcher dans la joie
et affronter les défaites et les déceptions sans angoisse.

Marie, femme fidèle, prie pour nous,
obtiens-nous de Ton Fils et notre Rédempteur.
une foi vivante et aimante,
une charité humble et laborieuse,
pour vivre le don de la fidélité
dans la persévérance,
sceau humble et joyeux de l'espérance.
Amen.

Cité du Vatican, 2 février 2020
Fête de la Présentation du Seigneur

João B. Card. de Aviz
Préfet

✠ José Rodríguez Carballo, O.F.M.
Archevêque Secrétaire

INDEX

Deuxième partie
Raviver la conscience

Troisième partie

La séparation de l'Institut

Normes canoniques et praxis du dicastère

Conclusion
« Demeurez dans mon amour » (*Jn* 15, 9)

www.ingramcontent.com/pod-product-compliance
Ingram Content Group UK Ltd.
Pitfield, Milton Keynes, MK11 3LW, UK
UKHW041820200726
13854UKWH00001BA/10

9 788826 606279